「叱れば人は育つ」は幻想

村中直人
Muranaka Naoto

PHP新書

はじめに

本書を手に取られたあなたは、「叱る」という行為にどんなイメージがあるでしょうか？

子育てや人材育成において必要な、積極的に行うべきポジティブな行為でしょうか？

それとも、よくないことで絶対にしてはいけないネガティブな行為でしょうか？

もしくはその中間で、できるだけしないほうがよいけれど、相手のためを思えば避けられない場合があり得る「必要悪」のようなイメージをもっている方も多いかもしれません。


私は、臨床心理士として多くの保護者や子どもたちの支援活動をしていくなかで、また一人息子の父親として、この「叱る」という行為と向き合ってきました。個人的な体験として向き合うだけではなく、心理学や脳・神経科学などの専門的な知見からも、この行為のメカニズムについてずっと探究してきたのです。

その結果、世間一般に信じられているよりもはるかにこの行為には効果がないことがわかり、また叱らずにはいられなくなる依存的な状況を引き起こし得るものだと考えるようになりました。

そして、2022年2月にそれらの知見をまとめた『〈叱る依存〉がとまらない』（紀伊國屋書店）という本を出版しました。するとこの本は、著者である私の予想をはるかに超えた大きな反響を得ることになりました。

本書の読者のなかにも、すでに読んでいただいた方もおられるでしょう。著者としては、素直にうれしく思うと同時に、それだけ「叱る」という行為に悩む方が多いという現実を突きつけられたように思いました。さらにこのテーマを深めていく必要があると感じたのです。


本書は、「叱る」をテーマに4人の識者と私が語り合った対談集です。いずれの方も私が対談を熱望した、それぞれの領域におけるトップランナーばかりです。そのような著名な方たちに、「叱る」という行為をどのように捉え、これまでどんなふうに向き合ってきたのかを赤裸々《せきらら》に語っていただきました。

しかも多忙を極める皆さん全員が、拙著を読んだうえで対談に臨んでくださったのです。

そのため、この本には安易なハウツーではなく、読者に突きつけられる本質的な「問い」が詰まっています。

『〈叱る依存〉がとまらない』が「叱る」という行為を捉え直すための教科書だとすると、本書は「叱る」に関する実践問題集と言えるでしょう（解答集ではないところがポイントです）。ぜひご自身の状況と照らし合わせて、考えを巡らせながら読んでいただきたいと思います。

本書の構成についてもお伝えしておきます。本書は全5章構成となっています。

第1章では、対談を読んでいただく前提として、「叱る」について、私なりに整理した知見をお伝えします。より身近に感じていただきたいので、私がどのように「叱る」という行為に関心をもつようになり、何を学び、どのように探究を続けてきたのかをストーリーとして書きました。

第2章からがこの本の本体で、1章ごとにお一人ずつ対談が収録されています。各対談のあとには、私が対談で感じたことや対談後に考えたことなどをまとめた「対談を終えて」というセクションを書き加えています。

「叱る」という行為の本質を考えることは、子育てや人材育成の技術論を超えた、人間理解や人のあり方を問う議論だと私は思っています。4名の識者との共同作業で完成した本書が、あなたの日常に役立つものであることを願っています。

村中直人

・「叱れば人は育つ」は幻想

目 次

第3章

「叱る」と「フィードバック」の違いとは？

中原 淳×村中直人

第4章　「理不尽な叱責に耐える指導」に潜む罠
大山加奈×村中直人

第5章　僕が「『叱る』をやめる」と決めた理由
佐渡島庸平×村中直人

第１章

「叱る」ことへの幻想

「怒るのはダメだが、叱ることは必要」
「叱られたことがない人は、打たれ弱い人になってしまう」
「ちゃんと叱らないと、伝わらないし学ばない」

皆さんは、こういった言説についてどのように思われますか？

これらのセリフは、日本中至る所で言われているので、耳にしたことがない方はおそらくいないでしょう。もしかしたらご自身が日常的に口にしている、という方も少なくないかもしれません。

私自身もかつては、これらの言葉を「まあ、そういうものだろう」くらいに思っていました。しかし、さまざまな経験をするなかで、「叱る」にまつわるこれらの言説に疑問をもつようになりました。

そして心理学や脳・神経科学などのさまざまな専門知を学ぶなかで、これらが誤りであることを科学的、論理的に説明することが可能だと知ったのです。さらには、叱るという行為には、叱る人のニーズを充たす側面が強くあり、〈叱る依存〉と呼ぶべき依存性が存在していることを確信するようになりました。

なぜそう考えるようになったのか、ここからは少し時間軸を戻して順を追ってご説明していきましょう。

叱らずにはいられない大人と叱られつづける子ども

まだ駆け出しの臨床心理士だったころ、私は公的機関の教育相談員や、公立中学校のスクールカウンセラーなど、主に教育関係の非常勤の仕事を掛け持ちして働いていました。何らかの悩みや課題を抱えた保護者、もしくはお子さんに対しカウンセリングをする仕事です。

当時の教育界において、最新にして最大のトピックは「発達障害」でした。2005年に発達障害者支援法が施行され、2007年に特別支援教育が始まった、そのころの話です。いまでも発達障害については、誤解や不正確な認識が残っていますが、当時の混乱ぶりと比較すれば相当に発達障害への認知が広まったように思います。

当時、とにかくたくさんの子どもたちの「発達障害疑い」の相談がありました。それまで教育相談は、「障害児」と「健常児」の部門が明確に分かれていましたが、知的発達の遅れを伴わない発達障害という概念が導入されたことで、それらの垣根がガラガラと音をたてて崩れていった、そういう時代でした。

新人だった私は、右も左もわからないなか、たくさんの子どもや保護者たちと話をしました。発達障害の相談ばかりではなかったのですが、発達障害とされる子どもたちの相談がとくに強く印象に残りました。そしてこの問題は、相談室のなかで待っているだけではどうしようもないことが多くあると感じるようになったのです。

たとえば、学校の先生が30分あれば充分にできるだろうと思って出した宿題に、毎日1～2時間かかる子どもたちがいました。それだけ時間がかかるということは、当然その子は勉強が非常に苦手だということです。そのため宿題に取り組んでいる間ずっと、保護者が横についで見ていないといけません。そうすると、どうしても親子げんかの原因になるのです。本書のテーマである「叱る」行為も、確実に増えてしまいます。

話を聞くと、毎日のように親子ともども、泣きながら宿題に取り組んでいるというのです。そういった状況にいる保護者の方への心理的な支援は、当然ながらとても重要です。しかしながら、面接室のなかでどれだけ保護者の方とのカウンセリングを重ねたとしても、毎

日数時間、親子で泣きながら宿題に取り組まなくてはいけない現実が何も変わらないことも
また事実です。

そこで私は仲間を集めて、この問題へのより直接的な支援活動を始めることにしました。いろいろと検討を重ねた結果、「家庭教師」という名目で支援活動をする事業を立ち上げることになりました。

事業として活動を始めた理由は、やるからには継続的に取り組まなくてはならず、そのためには最低限の収益が必要だったからです。また、家庭教師を担当してもらいたい後輩たち（心理や福祉を学ぶ学生）がたくさんいたことも大きな理由でした。

「あすはな先生」と名づけたこの学習支援事業で、私はコーディネーターとして保護者との面談や家庭教師のアテンドの仕事をするようになりました（ちなみにこの事業は、そのときの後輩が事業責任者となり、教室型の支援も加えていまも継続しています）。

この事業は発達障害だけに特化したものではなかったのですが、結果として私はこの仕事を通じてとても多くの発達障害の子どもたちとその保護者に出会いました。そのなかで「叱る」という行為について、深く考えさせられることになったのです。

私が幸運だったのは、「家庭教師事業」という枠組みのなかでこの問題に関われたことです。先にもお伝えしたように、私たちは事業として、授業料を保護者の方々にお支払いいただくことで運営をしています。当時は、まったく無名の若手心理士が何の後ろ盾もなく始めた新しい事業です。つまり、私たちのところに来てくださる保護者は、情報感度のとても高い勉強家の方たちで、子どものためになんとかよい環境を整えようとする深い愛情と行動力の持ち主ばかりだったのです。サービス提供開始前には必ず保護者の方と面談をするのですが、なんてすばらしい保護者だろうと感嘆したことが何度もあったことを覚えています。

けれど、そんな保護者でも「叱らずにはいられない」のです。

自分の意志ではもう、過度な叱責が止まらなくなっているように思える事例に、私はそこで何度も出合いました。子どもが泣き出して明らかに混乱状態になっていても叱りつづけ、それでも「状況が好転しない」とずっとため息をついておられる。そんな状況が珍しくなかったのです。

この問題は、保護者の能力の問題ではないし、知性の問題でも、ましてや愛情の問題でもありません。なぜならそれらをすべて兼ね備えた、本当にすばらしい保護者の方でも陥ってしまう場合があるからです。

子どもたちの側に目を転じると、子どもたちは家庭内だけでなく、あらゆる場面で叱られ続けていました。学校では先生に叱られ、塾では講師に、福祉施設では職員に叱られます。それだけ叱られても、「叱る」という行為は何も問題解決に役に立っていませんでした。問題はそのままに、そこにはただただ「叱らずにはいられない」大人たちと、「叱られつづける」子どもたちがいるように私には思えたのです。

ニューロダイバーシティとの出会い

そんな状況のなかで私は、叱ることの効果について疑問をもち始めていました。

もし叱ることに現実的な効果があるのならば、これだけ叱られつづけている子どもたちの状況がよくならないはずはありません。けれども、子どもたちの学びや成長が促進されている様子はありませんでした。ずっと同じことが繰り返されていて、むしろ状況は悪化することが多かったのです。

最も心配だったのは、叱られつづける子どもたちから自尊感情が根こそぎ奪われてしまうことです。自分に自信が持てなくなって、「どうせ僕なんて」「私には無理だ」などの言葉が、口癖になってしまっている子どもがたくさんいました。

そんな悩みを抱えていたころ、その後の私に大きな影響を与えた出来事がありました。それは、ニューロダイバーシティとの出会いです。


ニューロダイバーシティは、ニューロ（脳・神経）とダイバーシティ（多様性）を組み合わせた造語で、脳や神経の働き方の違いを多様性の視点で捉えて尊重しようというメッセージを含んだ言葉です。この言葉は、1990年代後半に、発達障害の一つとされる自閉スペクトラム症の成人当事者が、セルフアドボカシー（自己権利擁護）のために用いた歴史的経緯があります。

私はこの言葉の存在を知ったとき、とても感動し、同時に安心したことを覚えています。なぜなら、私が発達障害の子どもたちと関わるなかで感じていた、子どもたちを「障害」という枠組みのなかで捉えることへの違和感が言葉になっていると感じたからです。

なお、ニューロダイバーシティそのものについての解説は本書のテーマから離れてしまいますのでここでは割愛しますが、興味をもっていただいた方は、拙著『ニューロダイバーシティの教科書』（金子書房）をご参照ください。

このニューロダイバーシティとの出会いの後、私は脳・神経科学や認知科学を学び始めました。臨床心理士という立場でニューロダイバーシティを発信するためには、脳や神経の働き方やメカニズムについて知っておく必要があると考えたからです。

結果的には、この出会いと学びが「叱る」ことへの疑問に多くの答えをもたらしてくれることになりました。具体的には「叱られ続ける」子どもたちがどういう状態になるのかについて、多くの示唆があったのです。

叱られた子どもは、なぜ同じことを繰り返すのか。

その答えは、「防御システム」とも呼ばれる、脳の危機対応メカニズムにありました。脳の奥底に扁桃体《へんとうたい》と名づけられた小さな部位があります。この部位は人間の感情、とくにネガティブ感情について重要な役割を果たしていると考えられています。この扁桃体を中心とするネットワーク（防御システム）が活性化するとき、人は「闘争・逃走反応（Fight or Flight Response)」と呼ばれる状態になることが知られています。

この反応については、天敵に襲われた小動物をイメージするとわかりやすいでしょう。危機を感じたその瞬間に、戦うか逃げるかどちらかの行動をしないと命が奪われてしまいます。だから脳は強いネガティブ感情を感じた瞬間に、行動を引き起こすために「防御モード」に切り替わるのでしょう。

重要なことは、この防御システムが人の学びや成長とは真逆のシステムであることです。具体的には防御システムが活性化しているとき、脳の前頭前野の活動が押し下げられることがわかっています。前頭前野は知性や理性など人の知的な活動にとっての重要部位です。つまり、しっかり考え、検討するために必要な部位なのです。

危機的な状況においては、時間をかけて考えることが逆に命の危険を高めてしまいます。だから、防御システムは知性のシステムを停止させて、行動を早めさせるのでしょう。

これらのことを整理したうえで、叱られた子どものことを考えてみましょう。

叱られた子どもは多くの場合、強いネガティブ感情を抱いて防御システムが活性化されます。もう少し厳密に言えば、「叱る」という行為はそのことを狙った関わりなのです。

もし、相手のネガティブ感情を引き起こしたくないなら、そもそも「言い聞かせる」「説明する」などの行為で十分なはずです。それではうまくいかないと感じるからこそ、強い言葉や態度で叱責するのです。

つまり「叱る」という行為の本質は、叱られる人のネガティブ感情による反応を利用することで、相手を思い通りにコントロールしようとする行為なのです。

叱られた子どもの防御システムが活性化されると、戦うか逃げるか、どちらかの行動が起こります。叱る人は権力者なので、逃げることが多くなるでしょう。戦ったところで、勝てないからです。

ただし、逃げるといっても人間は高度に社会化された生き物ですので、物理的に走って逃げるわけではありません。そんなことをしても、さらに叱られてしまうだけです。そのため子どもたちはその場を取り繕うために、「言うことを聞く」「謝罪の言葉を述べる」などの方法で逃げます。そしてこのことが、叱る側に「叱ることは有効である」という勘違いを引き起こすのです。

自分が強く叱責することで、目の前の人の行動が変わる。それが単なる逃避行動でしかないことを知らなければ、「叱れば人は学ぶ」と勘違いしても無理のないことでしょう。しかしながらそのとき、叱られた人の前頭前野は活動が低下しています。自分がなぜ叱られているのかを冷静に理解し、今後のために自らの行動を省みることができない状況です。
そのため、子どもたちはまた同じことを繰り返します。学んでいないのだから、当たり前です。そしてまた、叱られることが繰り返されていくのです。

ここまで、私の体験から子どもたちを対象に話をしてきました。しかし、先ほどご説明した脳のメカニズムは大人も子どもも基本的には変わりません。つまり年齢に関係なく、人間という存在は叱られることでは学ばないし、育たないのです。
それなのに、なぜこの「叱る」という行為がこれほどまでに過信され、用いられつづけているのか。その謎を解くためには、また別の角度の視点が必要でした。叱られる人の側ではなく、叱りつづける人の内側に起こっていることを理解しなくてはいけなかったのです。

理解すべきこと、それは「依存」のメカニズムです。

依存（アディクション）についての学び

あるとき、私が所属する大阪府臨床心理士会で「依存症」に関する講演会がありました。いまから考えると大変に失礼な話ですが、当時の私はあまり期待せずになんとなく席についていました。どうせ今までに聞いたことのあるような話だろうと、高を括っていたからです。

しかし、講演が始まってほどなく、私は頭を強く殴られたような衝撃を受け「なぜいままでこのことを知らなかったのか」と後悔することになります。そこで話されていたのは、依存症という「病気」の話に留まらない、人の生き方や困難のメカニズムそのものの話だったからです。

その講演会で話されていたのは、我が国の依存症治療のトップランナーである、医師の松本俊彦氏でした。

人は快楽に溺れて、依存するのではない。

それは、私がそれまで依存症について教えられてきたことと、真逆のメッセージでした。

薬物依存について私が教えられてきたのは、「違法薬物を使うと強烈な快感を感じ、その快感が忘れられなくなって依存する」というものでした。たった一度でも手を出してしまえば、快楽に溺れて身を滅ぼし廃人になってしまう恐ろしいものだと、説明されました。だから「ダメ。ゼッタイ。」なのだと、脅すように説明されたことを覚えています。

ですがこの説明は、依存症の実態を正確に反映してはいません。具体的には、違法薬物を1回使っただけで依存症になる人は多くないのです。少なくとも、快感だけが依存症の原因であるということは、あり得ません。そもそも人間は快感に対して非常に飽きっぽい存在だからです。

ではいったい何が、人を依存に向かわせるのでしょうか。

人は自分の苦しみを和らげてくれるものに、依存する。

依存を引き起こすのは快楽ではなく、苦痛からの逃避である。このことは人が生きていくうえで、知っておくべき重要な「人間の性《さが》」の一つだと私は思います。

裏を返すと、苦痛や困難を抱えておらず、満ち足りた人生を送っている人は依存症になりにくいのです。いつも気分が落ち込んでつらいからこそ、気分をハイにしてくれる薬が手放せなくなる。毎日怒りの感情が湧き出てどうしようもない人ならば気分を鎮めてくれる薬に、将来への不安で押しつぶされそうな人ならばお酒を飲んで気分が前向きになったときに、「依存症」へとつながるリスクが高まるのです。

薬物依存に陥ってしまった人の多くが、その初期には「自分の苦痛をやわらげてくれるもの」を見つけるために、さまざまな薬物やアルコールなどを試す時期があるという事実を、私たちは知っておかねばなりません。その意味で依存症は、自分の人生の苦しみに対する「自己治療」のようだと、考えられているのです。


ここまで、薬物依存の話を中心に依存についてお伝えしてきましたが、依存の対象は物質だけではありません。何らかの行為も依存の対象になります。もともとは何らかの物質を体内に摂取することだけが依存症の対象だと考えられていましたが、近年ではギャンブル依存のような何らかの行為も対象だとされるようになっています。

その背景には、脳・神経科学の進展があります。物質への依存と行為への依存に、共通する脳内メカニズムがあることがわかったのです。

その脳内メカニズムを理解するうえで重要なのが、ドーパミンです。ドーパミンは人の欲求や意欲について重要な働きをしている神経伝達物質です。脳内にドーパミンが放出されると、人は「やりたい」「欲しい」といった欲求を感じ、高揚感や充足感を得る、と言われています。

そしてこの脳内のドーパミン回路（報酬系回路と呼ばれます）がハイジャックされ、あまりにも過剰に働いてしまうことが、依存症に共通する背景メカニズムだと考えられています。つまり、「苦痛を忘れさせてくれる」行為にも、脳内のドーパミン回路を活性化する働きがあるということです。快感には飽きがきますが、苦痛からの解放に飽きることはありません。

このように整理すると「依存」が、とても身近なものであることがわかります。

何らかの苦痛やストレスを感じたときに、その対処として行われる行為がだんだんと「やめられなくなる」「やりすぎてしまう」といった経験は誰しもあるのではないでしょうか。

食べすぎ、買い物のしすぎ、ゲームのしすぎなどなど、内容は人によって違いますが、とても身近な現象です。

もっと端的に言えば、人はつねに何かに依存しながら生きていると言っても過言ではないのかもしれません。そして依存は、それがある程度の範囲で収まっている限り、モチベーションの源泉として人生を豊かにしてくれるものでもあるでしょう。何かに「ハマる」ことで、自分の世界を広げ、新たな体験をする人は少なくありません。

重要なことは、「ハマる」と表現されるような軽度の依存と、医療の対象とされるような「依存症」の背景メカニズムが基本的には共通であるということです。その意味で、何かに「依存」することと、「依存症」の間には明確な境界線がありません。依存の程度があまりに強くなって、自分の意志ではやめられなくなり、生活に大きな支障をきたしてしまう場合に「依存症」とされるのです。

そして、すべてがつながった

それは、有名な科学雑誌「サイエンス」に掲載された1本の論文を読んだときでした。

その論文には、「規律違反を犯した人を罰することで、脳内報酬系回路は活性化する」と書いてありました。つまり、人間には「よくないことをした人を罰したい」という欲求が、脳のメカニズムとして備わっているというのです。

「ああ、すべてがつながった」

長年の謎が解けたような、そんな感慨を強く抱いたことをいまでも覚えています。
なぜ「叱る」という行為がこんなにも過信されるのか。なぜ「叱らずにはいられない」状態になってしまう人がこんなにも多いのか。ずっと不思議に思っていた謎の理由が、そこに書いてあったのです。
そこで私はこのテーマについてさらに調べてみました。すると私が読んだ論文以外にも同様の研究がたくさんあり、すべて同じような結論が導かれていることがわかりました。どうやら人間には、悪いことをした人に苦しみや罰を与えたい、「処罰欲求」とでも呼ぶべき生《せい》来《らい》的な欲求があるようです。

人が誰かを叱るとき、それは常に相手がよくないことをしたという認識の下に行われます。つまり「規律違反を犯した人」に対してする行為です。ということは、「叱る」という行為には処罰欲求がつねについて回るということになります。

叱る人にとっては「ありえないこと」「絶対にしてはいけないこと」を目の前の人がしているのです。この状態を何とかして正しい姿、正常な状態にしなくてはいけないという強烈な欲求が湧き上がってくるのでしょう。

そこで叱ったり、罰を与えるなどして、相手にネガティブな感情を与えてコントロールしようとします。そしてそれが成功したら、安堵し充足感を得るのです。「ああ、ようやくわかってくれた」「やっと、変わってくれた」こんなふうに思うでしょう。

それはもしかしたら、その人がもともと抱えていた苦しみを、一時的に忘れさせてくれる瞬間かもしれません。しかし、その成功体験は幻です。また同じことが繰り返されて、何度も強い処罰欲求の波に飲み込まれていくことになるのです。

私が出会ってきた、発達障害のお子さんのいる保護者は、ほぼ例外なく深い悩みと苦しみを抱えておられました。もちろんそれは、保護者の責任ではありません。脳や神経の働き方が少数派の子どもを育てること自体に、大きな障壁や困難が存在しているのです。

そう考えると、多くの保護者が「叱らずにはいられない」状態になることに、何の不思議もないことがわかったのです。


私はこのサイクルを〈叱る依存〉と名づけました。もちろん、〈叱る依存〉は依存症ではありません。私は医者ではありませんし、精神医学に新しい病を加えたいわけでもありません。しかしながら、耐えがたい現実からの一時的な逃避によって、「やめられなくなる」状態が生まれる点で、〈叱る依存〉は依存症の発生メカニズムにとてもよく似ています。

この落とし穴は、きっと誰でも嵌《はま》ってしまう可能性があるものです。日々の暮らしのなかで、何らかの苦痛や苦しみを感じながら生きていれば、よりそのリスクは高まります。だから私たちは、叱るという行為には依存の罠があることを認識しながら生きていく必要があるのです。

それは安易な「叱っちゃダメ」という話ではありません。叱ることが問題なのではなく、叱りつづけることが問題なのです。もっというと、叱りつづけることを正当化することを、私たちはもうやめなければならないのです。

「叱る」ことの効果

ここまで「叱る」という行為の背景にあるメカニズムを、扁桃体を中心とする「防御システム」と、人の欲求を司るドーパミン回路の側面からお伝えしてきました。

人の学びや成長の役に立たないことや、依存的な問題が存在することなど、主にネガティブな側面ばかりをお伝えしてきたわけですが、メカニズムを別の側面から理解すると、実は叱ることにも一定の「効果」や「役割」があることがわかります。ここでは「叱る」という行為の効果についても整理しておきたいと思います。

「叱る」ことの効果。それは危機的な状況への介入効果です。もう少し具体的に言うと、目の前で起きている絶対にやめてほしいことや変えてほしいことに対して、叱ること以上に効果的で手軽な介入方法はないでしょう。

たとえば、幼い子どもが刃の出たカッターナイフを振り回し、ふざけて遊んでいる場面をイメージしてみてください。非常に危険な状況ですので、即座に対応しなくてはいけません。怪我《けが》をしてからでは遅いのです。だから「なにやってるの!! ダメでしょ!!」などと強い言葉で声をかけ、その遊びをやめさせようとするでしょう。そうすると、子どもは突然の大きな声に驚いて、カッターナイフを手放してくれるかもしれません。

この声かけは、相手のネガティブな感情を利用して、相手をコントロールしようとしている点で、「叱る」と呼ぶべき行為です。このように、「叱る」という行為が役に立つ、もしくは求められる場面はたしかに存在しています。

けれども、叱ることの効果は現在進行形で起きている危機への介入効果だけだということを忘れてはいけません。危機が去ればその役割は終わるので、すみやかにやめなくてはいけないのです。

先ほどの例で言うと、叱られた子どもが驚いてカッターナイフを手放したその瞬間、叱ることをやめなくてはいけません。そこから先の叱責は、単に叱る側の欲求充足に過ぎないからです。

言葉にすると簡単なことですが、これはなかなか難しいことでしょう。むしろ、子どもがカッターナイフを手放してから、本格的に叱る場合が多いように思います。このように考えると重要なのは、「上手に叱り終える」ことだということになるでしょう。

逆に言うと、叱ることの効果は「目の前の行動を変えられる」ことだけなのです。その後の行動を変えさせるような学びの効果はきわめて薄いのです。

介入効果と学習効果が混同され、区別されていないところに、叱ることが過信される根本的な問題があると私は考えています。一見すると、とても効果があるように見えることが、「叱れば人は育つ、学ぶ」といった幻想を生むのです。効果があると思うから手放すことができず、叱らずにはいられない状況が続いてしまいます。

自分のなかの「あるべき姿」と向き合う

「叱る」ことの背景にあるメカニズムをある程度理解することができた私は、人はどうすれば叱ることを手放すことができるのかについて考え始めました。

そしていまに至るまで考えつづけた結果、人がそれぞれ信じる「あるべき姿」の多様性や柔軟性の問題がとても重要なのだと思うようになりました。

人が誰かを叱るのは、どんなふうにその人を変えたいときでしょうか。

それはその人にとっての「あるべき姿」から逸脱した人を見つけて、規律の内側に引き戻そうとするときです。つまり、叱る人はいつも正義の側にいるのです。だから叱るとき、人はまるで正義がそれを求めているかのように話します。約束したことができていなかったら、「約束したことは守らないとだめでしょ」「なんでちゃんとやっていないの？　おかしいでしょ？」などと伝えます。このとき、「あの約束を、私は守ってほしかった」などとは言わないのです。

人が誰かを叱るとき、メッセージの主体は、叱る人ではありません。「どこから来たのかよくわからない正義」のメッセージを、叱る人がまるで「代理人」であるかのように伝えるのです。

私はここに、叱ることを手放していくためのヒントがあると思っています。

大事なのは、主語を「叱る人」に戻すことです。相手にそうしてほしいのはあくまで自分であって、正義の要求ではないことを引き受けなければなりません。

そう考えると次に「自分の要求は本当に妥当なのか」「相手のためになっているのか」という疑問が浮かんでくるでしょう。つまり、自分のなかで当然とされてきた「あるべき姿」を、疑う必要があるのです。

人は自分の人生しか生きることができません。だから私たちは、自分の体験したことから「あるべき姿」をつくり上げます。ですがそれだけで物事がうまくいくほどに、人間は互いに似ていません。

私はそのことを、発達障害とカテゴライズされた子どもたちと、ニューロダイバーシティという概念から学びました。人間という存在が思っている以上に多様である以上、「あるべき姿」もまた多様なのです。

自分のなかにある「あるべき姿」がより柔軟に、より多様になれば、処罰欲求を感じることも少なくなるでしょう。それは自然と「叱る」ことが少なくなることを意味しています。無理に我慢するのではなく、叱りたい気持ちが自然に少なくなることが大切です。

もう一つ、私が叱ることを手放すために重要だと考えるようになったことがあります。それは、「ことが起こるその前に何をするのか」という視点です。

私はこれを「前さばき」と呼んでいます。もう少し具体的に言うならば、そもそも叱らないといけないような状況を生み出さないようにするための対処です。

叱る人が「何回伝えても、一向にやらない、学ばない」と言うとき、実際には多くの場合で叱っている場面でしかメッセージを伝えていません。つまり、何かことが起こった後にしか、必要なことを伝えていないのです。

すでにお伝えしたように、相手がネガティブな感情に支配された状態では、伝えるべきことが伝わるはずもありません。だからこそ、「前さばき」の発想が重要になるのです。つまり、叱らなければいけない状態が発生しないよう、事前に重要なメッセージを伝え、理解し、学んでもらうことが重要なのです。

しかしながら〈叱る依存〉状態に陥ってしまっているときほど、「前さばき」には意識が向きにくくなってしまう傾向があります。人が叱ることを手放そうとするならば、ことが起こる前の平時に、どれだけ「前さばき」ができているのが重要なのです。

「叱る」という行為の背景にあるメカニズムや論点は、他にもまだたくさん存在します。ですが、この後の対談でたくさんの論点や具体例が示されますので、本書の導入としてはいったんここまでにいたしましょう。もしより体系的に知りたい方は、拙著『〈叱る依存〉がとまらない』（紀伊國屋書店）をお読みいただければ幸いです。

ここから先は、４人の識者たちの語りと問いに耳を傾けてくださいませ。

第 2 章

教育現場に潜む「叱る」への過信

工藤勇一 ✕ 村中直人

Kudo Yuichi ／ Muranaka Naoto

【工藤勇一　くどう・ゆういち】　元横浜創英中学・高等学校校長／元東京都千代田区立麹町中学校校長。

1960年、山形県鶴岡市生まれ。東京理科大学理学部応用数学科卒。山形県中学校教諭、東京都中学校教諭、目黒区教育委員会、新宿区教育委員会教育指導課長等を経て2014年4月〜2020年3月末まで千代田区立麹《こうじ》町《まち》中学校校長。2020年4月〜2024年3月末まで横浜創英中学・高等学校校長。公職として、教育再生実行会議委員（2018年8月〜2021年8月）、内閣府規制改革推進会議専門委員（2021年8月〜）。

著書に『学校の「当たり前」をやめた。』（時事通信社）、『子どもたちに民主主義を教えよう』（あさま社）など多数。

私はかつて、日本の公教育が大きく変わることは不可能なことで、そんなことは起こり得ないのだとどこかで諦《あきら》めてしまっていました。もっといえば、どのように変わればいいのか、具体的にイメージすることができていなかったように思います。私が出会う子どもたちはことごとく、学校で学ぶことがうまくいかず苦しんできた子どもたちばかりだったので、その子たちの受け皿をつくることしか発想になかったのです。

そんななか、突如現われた工藤勇一先生率いる麹町中学校の取り組みを知ったことは、私にとって暗闇にさす一筋の光のような、衝撃的な体験でした。「ああ、諦めなくてよいのだ」、そう思ったのです。私が公教育のあり方について、前向き、かつ具体的に考えるようになったのは工藤先生のおかげでした。法律が変わらなくても、特別な文部科学大臣が選ばれなくても、ここまで学校は変わることができる。そのことを世に知らしめた工藤先生は、私にとってもとても大きな存在です。

そんな工藤先生と〈叱る依存〉についてお話しする機会を得られた今回の対談は、とても緊張しました。対談は、取材当時、先生が校長を務めておられた、横浜創英中学・高等学校の一室で行われました。

子どもの主体的、自律的なやる気を引き出す教育

村中　工藤先生と直接お話しさせていただく機会を、とても楽しみにしておりました。

先生は、東京都千代田区立麴町中学校の校長を務められていたときに「宿題廃止」「定期テスト廃止」「固定担任制廃止」などさまざまな学校改革を実践され、大変話題を呼びました。私は過去にスクールカウンセラーをしていた経験もあり、学校教育にはつねに関心をもっているので大変刺激を受けました。実はご縁があって麴町中の視察に行かせていただいたこともあるのですが、工藤先生がご転任された後のことでした。

工藤　そうでしたか。麴町中の生徒たちの様子を生でご覧になっていかがでしたか？　とくに印象に残っていることはありますか？

村中　生徒たちが自主性、主体性をもって学んでいる姿勢が非常に印象深かったです。

数学の授業を見学させていただいたんです。自由進度学習形式の1、2年生の合同授業でした。壁に「一次関数の単元テストが○月○日にあります」と貼り出されていましたが、私が見たところ一次関数の勉強をしている子はあまりいなくて、図形問題を解いていたり、二

次関数をやっていたり、取り組んでいる内容はそれぞれ違っていました。わからないことがあると1年生が2年生のところに教わりに行くなど、自然なかたちでの学び合いも行われていました。「公立学校でもこんな授業が可能なんだ」と感動しましたね。

工藤　「自由進度学習」は、学びのスタイルとしてとても効率がいいんですよ。学習の進度が最も遅い生徒でも、一斉授業形式よりもはるかにスピーディに進みます。文科省の定める標準授業時数では、中学1年の数学は1年間１４０時間となっていますが、だいたい70時間あると、数学が苦手な子でも1年間で学ぶべき内容が終わります。それぞれが自分のペースで学ぶため、落ちこぼれも出ません。

中間や期末などの定期テストを廃止した代わりに、単元ごとのテストで理解度を確認し、その結果が成績に反映されます。単元テストで不本意な結果だった場合、再テストを受けられるようになっているので、生徒たちは自分のために自分の意思で勉強するんです。

村中　再テストという挽回のチャンスがあるのは、とてもよいシステムですよね。

工藤　僕は子どもたちに、「失敗してもやり直しがきく」「自律的なチャレンジで結果は変えられるんだ」という考え方を身につけてほしいんですよ。

村中　日本の学校の授業は一斉教授スタイルがほとんどです。定期テストも当たり前のこととして行われます。しかし、画一的《かくいってき》な仕組みのなかで「やらされている感」の強い環境では、子どもたちの自発的に学ぼうとする意欲は育まれにくいように思います。一人ひとりのやる気を引き出すこうした試みは、多くの学校で取り入れていってほしい素晴らしい実践例だと感じます。

「最上位目的」は何か

村中　そもそも、工藤先生がいろいろな改革を実践されようとしたきっかけは何だったのですか？

工藤　麹町中での取り組みは学校改革として注目を浴びることが多かったんですが、僕は「この学校を改革してやるぞ」というような思いで息巻いていたわけではありません。

何をするにしても、僕はつねに「最上位目的は何か」ということを考えます。学校教育の最上位目的は何か。いろいろなお考えがあるでしょうが、僕自身は「子どもたちを自己決定のできる人間に育てる」ことだと考えています。社会のなかで強く生き抜いていけるようにするための力をつけさせてやりたい、それにはどういう教育をしたらいいか――、すべてはそういう発想のもとで考え、進めていったことです。それがたまたま結果として、公立学校では画期的だと思われることが多かっただけなんですね。

村中　なるほど。学校のさまざまな局面を変革しようというお考えが先にあったわけではなくて、目指す教育目的の実現に向けて何をなすべきか考え、変えていかれた。工藤先生の軸がブレない理由は、最上位目的が明確なところにおありだったんですね。

学校教育というのは、ともすると目的を見失って「規則のための規則」を盾に管理体制を強めてしまいがちなところがあります。やたらと厳しい校則なんかもそうですね。管理されることが常態化した環境で育つと、子どもたちはどんどん「受け身」体質になっていきます。社会に出て必要とされるのは、自分で主体的に考え、行動し、問題を解決していく力なのに、いまの学校教育のなかではそういう力が養われにくくなっていると思います。

工藤　そうですよね。大事なのは学校生活のなかで、子どもたちにどんな力をつけさせてやるのか、ということです。学校は何のためにあるのかということを、教員同士で共有することが重要だと僕は考えています。

何のために「叱る」のか？

村中　今日のテーマは「叱る」ですが、工藤先生は普段、生徒を叱りますか？

工藤　叱りますよ。ただ、僕は頭ごなしに怒鳴りつけるような叱り方はしません。

村中　「叱る」という言葉は多義的で、人によってその捉え方はさまざまです。だから私は拙著『〈叱る依存〉がとまらない』（紀伊國屋書店）のなかで、「叱る」ことをこう定義しました。

「言葉を用いてネガティブな感情体験を与えることで、相手の行動や認識の変化を引き起こし、思うようにコントロールしようとする行為」。

そして、この方法で他者をコントロールせずにはいられなくなる状態を〈叱る依存〉と名づけたのです。

叱る行為は、権力構造と結びついたものです。弱い立場にある人が強い立場の人にものを申しても「叱る」とは言いません。叱るとは、権力の強い立場の人が、弱い立場の人に対して威圧的な言葉や態度で従わせようとしたり、何かを強要したりするものです。

ですから、権力構造のはっきりした集団で強い立場にある人は、とくに〈叱る依存〉に陥りやすいと考えられます。教師も、児童や生徒たちを「導きたい」「変えたい」という意識から、〈叱る依存〉に陥りがちだと捉えています。

工藤　たしかに〈叱る依存〉になっている教員はいると思います。その理由は、日本の教育の仕組みが「叱らなきゃいけない構図」になってしまっているところに原因があるかもしれません。教員の多くが指導する方法として「叱る」以外の方法を知らない、またそういう訓練もしてきていない、ということが言えます。

村中　ええ、そういった現状をどのように変えていけばいいのか、今日はそのあたりもいろいろ伺わせていただきたいと思っています。

工藤　「僕も叱りますよ」と言いましたが、僕の叱り方は先ほどの村中さんの「叱る」の定義からすると、はみ出しています。というのは、相手にネガティブな感情を抱かせないこと、相手をコントロールしようとするのではなく、状況を自分で解決していくための支援をすること、この二つをモットーにしているからです。

村中　ほう、それを「叱る」とおっしゃるわけですか？　私にとってそれは「叱る」ではないので、興味深いです。

工藤　はい。なぜ叱るのか、これもやはり最上位目的を考えてみればいいのです。

生徒が何かトラブルを起こしてしまったとき、教育者としてやるべきは「その体験を、生徒にとっての学びの機会に変える」ことです。「今後こういうことが起きたときはどうしたらいいのか」を自分で考えられるようにしてやること、そのための助言や手助けをしてやることです。どう行動したらいいかを自分で判断できるようにして、よりよく生きていけるようにするための支援をしてやること。それが教師の役割です。

ですから、僕のなかでの「叱る」とは、大声で怒鳴ることでも、正義を振りかざして不適切行為をなじることでもない。ましてや脅したりすることでもないのです。

村中　聞けば聞くほどその対応は私には「叱る」ではないように感じます。工藤先生の「叱る」は私の定義よりもかなり幅広く捉えておられるように思いました。

「叱る優先順位」の共有

村中　先生ご自身のそういった理念や方針を、どのようにして他の先生方にも浸透させていかれたのですか？　叱る基準も叱り方も、一人ひとりみんな違うと思います。なかには、怒鳴らずにはいられない先生とか、トラブルをなくしたいという思いから叱ることそのものが目的化してしまうような先生もおられるのではありませんか？

工藤　着任して早々に僕が教員たちと話し合ったことの一つが、「どんなときに叱るか」でした。生徒を叱る要素を箇条書きにしたリストを渡し、厳しく叱りたい項目、あるいは叱ってきた項目に○をつけてもらうことにしました。

そのときのリスト項目がこれです。

①コンビニで万引きをした
②下校時に雨が降ってきたので、玄関にあった誰かの傘を黙ってもち帰った
③学校にお菓子をもち込んで食べた
④放課後、係の仕事をさぼって黙って下校した
⑤授業中に隠れてマンガを読んだ
⑥4階の教室のベランダの柵にまたがって友だちと遊んだ
⑦授業を勝手に抜け出した

⑧クラスのある生徒を「お前は障がい児だ」と馬鹿にした
⑨授業中に寝た
⑩一人の友だちを数人で無視しつづけた
⑪友だちとけんかして殴ってけがをさせた
⑫深夜、友だちと公園で大騒ぎして近隣に迷惑をかけた
⑬違反の服装で登校した

村中　この13項目のなかには、とても大事なこともありますし、些細なこともありますね。子どもたちを管理したいという意識の強い先生、〈叱る依存〉に陥りがちな先生はたくさん○をつけそうです。

工藤　職員会議で、どの項目に○をつけたかそれぞれ挙手してもらいました。

たとえば、①の「コンビニで万引きした」には、ほぼ全員手を挙げました。でも、②の「誰かの傘を黙ってもち帰った」では、手を挙げない人もいる。盗んでいるのは同じなんですけど、その状況をどう受けとめるかは人によって違います。叱ろうとする感覚はそれぞれ

バラツキがあるものだと確認できたところで、「教育現場で本当に大事にすべきことは何だろうか」と話し合いました。

僕は、何よりも優先すべきは命に関わることではないか、命の危険を招くような行動ははっきり諌《いさ》める必要がある。だから「僕は⑥のような状況では叱る」と話しました。

その次は、人権を侵害するような行為や犯罪行為ではないか。⑧や⑩は人権侵害であり、①や⑪は犯罪行為ですから、これらも注意したいと言いました。

では、「服装違反」とか「お菓子を食べた」といった行為はどのくらい叱る必要があるだろうか、大人として伝える必要があるのは、やはり生き方に関するメッセージではないだろうか、といった話をして、教員たちの価値観を揺さぶっていったのです。

村中　教育者として重視すべきことは何かという目的意識の視点から、先生方に「叱る優先順位」を提示していったのですね。皆さんすんなり理解されましたか？

工藤　いや、けっして簡単ではなかったですよ。ただ僕の考えを無理やり押しつけるのは本意ではないので、折に触れていろいろ話し合いをしながら、教員がこれまでのやり方に疑問をもち、「もっとこうしたほうがいいのでは」と思えるよう、風土を変えていくことを目指しました。麹町中の校長を６年務めましたが、教員と意識を共有できたと感じるまでには、

3、4年かかりましたね。

「毅然と叱るべし」の呪縛

村中　先生方が簡単には変わらなかったということもそうなのですが、日本の社会には「叱ることが最良の方法だ」という思い込みというか、妙な過信のようなものが根強くあるような気が私はしています。

たとえば、子どもが社会的に好ましくない行動をしてしまったとき、「あの親はどうして叱らないのか」「甘やかすから、あんなふうに育つんだ」「きちんと叱らないのは躾《しつけ》の放棄だ」などといって親を咎《とが》める声が上がります。

学校で何か問題行動を起こす生徒が出たときも、教師に対して「叱れないような教師はダメだ」とか「叱らないから子どもから舐められるんだ」といった論調の発言が出ます。

つまり、日本では「叱らないと、叱られてしまう」んですよね。

これらはいずれも、「叱ることが最良の方法」という思い込みがあるから起きることだと思うのです。叱ることは実はそんなに効果的なやり方ではなくて、むしろ副作用のほうが大きいのに、世の中にはなぜか誤解がはびこっていると思っています。

工藤　とくに教育現場は顕著ですよ。「教師たる者、毅然とした態度で叱るべし」という考え方が染みついていますから。そこに論理性はなく、ただ日本の伝統的な教えであるかのように信じられています。

村中　神経科学的な見地からも、心理学的見地からも、心理的安全性が確保されない状況において何かを強要しても有効な学びにならないことがわかってきています。にもかかわらず、教育現場の一線にいる先生たちが、「毅然と叱るべし」の呪縛から逃れられないんですね。

工藤　村中さんがいまおっしゃった「叱らないと、叱られてしまう」という意識もあるのだと思います。

たとえば、自分が担任を務めるクラスでトラブルが起きると、教員は校長室に報告に来て「校長、申し訳ありません」と謝るのです。「生徒がやったことでしょ、あなたが僕に謝るようなことではないよね」と言っても、クラスに起きることの責任はすべて自分が負っていて、自分の管理不行き届きで起きてしまったかのように捉えているのです。

だから、何かをしてしまった子どもを強く叱るし、トラブルが起きないようにしなくてはと思って、クラスの管理を強めようとします。

村中　はい、わかります。責任を強く感じるからこそ、トラブルを起こしたくないという意識が強くなり、担任の先生の権力が強化されてしまいやすいんですよね。

工藤　僕が固定担任制を廃止したのには、そういう仕組み、構造を崩したかったということもあります。

村中　やはり、「叱る」ことへの意識改革が必要ですね。

工藤流「叱る」を手放す技術

村中　もう一つ、私がつねづね感じているのが「怒るのではなく、冷静に叱るべきだ」という言葉への違和感です。感情のおもむくままに怒るのはよくない、感情的にならずに冷静に叱るのがよい叱り方だ、というようなことがよくいわれています。しかし、それは叱る側の論理でしかないと私は思っているんです。

「叱られる」にしても「怒られる」にしても、受け手にとってネガティブな感情体験となり、心理的に圧迫感を受けるという状況には変わりはないと考えています。ですから、「怒る」

ことと「叱る」ことは違うんだという論理で叱ることを正当化するのは、叱る側のことしか考えていない身勝手な論理だと思うのです。

もちろん、いかなるときも「一切叱ってはいけない」などと言うつもりはありません。たとえば、危機的状況で一刻も早く状況を変えなければいけない場面では叱ることも必要です。先ほどの叱る優先順位のなかでも出てきた命に関わるような場面はそうです。しかし、それ以外の日常のほとんどの場合はそうではありません。

感情的にならずに冷静に叱ればいいという意識も変えたほうがいい、そして叱る以外の発想や方法があるということを、もっと世の中に広く知ってほしいという思いが私には強くあります。そのほうが、「叱る」ことを手放しやすくなると思うのです。

工藤　同感です。毅然と叱ることが正しい教育だと教えられてきた教員たちは、叱る以外の対処方法を知らないので、「叱っちゃダメなんだ」と頭で理解できてもどうしたらいいのかわかりません。「叱る」ことに代わる手段を知っていないと変われないのです。

村中　重要なのは、まさにそこだと私も思います。

工藤　僕が教員に伝えたのは、頭ごなしにこちらの価値観や願望を押しつけて叱るのではなく、問いかけを糸口にして対話をしていく方法です。これは僕が「三つの言葉」と呼んでいるものです。

①「どうしたの？」

②「きみはこれからどうしたいの？」

③「先生に手助けできることはある？」

生徒が何かトラブルを起こしたとき、詰問したり責めたりしないで、その子をありのままに受けとめます。しくじった、うまくいかなかったと思っていることが多いので、失敗しても何も問題ないと伝え、まずはその子を肯定してやるのです。そして「どうしたの？」と声をかけ、その子に起きている状況を本人に言語化してもらいます。

次に「きみはこれからどうしたいと思っている？」と尋ねます。その子自身が目の前の出来事にどう対処したいのか、自分の考えを整理するきっかけをつくるのです。

その子の思いが言葉として出てきたら、「そうか。きみのことを支えるために、先生に手助けできることは何かあるかな？」と尋ねて、何を手伝ってあげたらいいかを教えてほしい、と伝えます。

村中　子どもが自分の存在を否定されない、拒否されないと感じる状況を整え、その子自身を主語にして、きみは何を感じ、考え、どうしたいのか、ということを確認する対話をしていくわけですね。

工藤　そうです。ただし、これは信頼関係のできている相手でないとダメです。信頼できる相手が自分のことを考え、支えようとしてくれていると思えるから、心理的安全性が保たれて対話が成り立つのです。安心感の土台がない教員が同じことをやろうとしても、うまくいきません。

子どもでも大人でも、人間って信頼できると思う人の言葉でなければ響かないんですよ。どんなに立派なことを言われたところで、信頼していない人、もっといえば好きではない人の言葉で自分を変えようとすることなんてほぼない。叱るという行為は互いに信頼関係を築いたうえにこそ意味あるものだと思います。「この人の言葉を受け入れたい」という気持ちになる関係性が構築されていなければ、きつく言おうが優しく言おうが、聞きませんよ。

村中　たしかにそうですね。それは一つの本質だと思います。

チームで対応するメリット

村中　ただ、信頼関係が構築されている相手でなければ心を開かせることができないということは、いまの「三つの言葉がけ」は教師なら誰でも実践できる手法ではありませんね。

工藤　ええ、教員の誰もがすぐにうまくできるわけではありません。子どもが自己判断するための材料を与え、思考を深められるように対話を重ねるには、やはりスキルが要ります。教員にもそれぞれ向き不向きがあって、そういう話法がうまい人もいれば、あまりうまくない人もいます。それに子どもとの相性もありますしね。

　ですから、チーム体制で対処できる仕組みにしたいと考えました。各教員それぞれの持ち味を活かしつつチームで対応できたら、教員の負担も軽減されます。生徒にとってもいい。それで固定のクラス担任制をやめて、学年単位で教員がチームで対応できるようなかたちにしました。

村中　なるほど、全員担任制というのはそういう背景で生まれたんですね。

工藤　全員担任制とは、その学年を受けもつ先生たちみんなが担任になるという意味で、親子面談などでどの先生との面談を希望するかは生徒自身が決めるのです。相談したい教員を自分で選ぶようにすると、教員に対して不満を言わなくなります。

村中　面談をする先生を生徒の側が選べるというのは、これまでの学校教育のあり方からすると画期的だと思います。

工藤　叱られるのではなくて、話し合って支えてもらえることがわかると、子どもはすごく安心します。「先生は何をしてあげたらいい？」と言うと、「こういうふうにしてもらえるとうれしいです」とか「ありがとうございます」という言葉が自然に出てくるようになります。

子どもたちの反応が変わることで、保護者の反応も変わります。教員への信頼が増すんですね。麹町中では、クレームばかり、文句ばかりだった保護者たちがだんだん応援団に変わっていき、完全に流れが変わりました。

村中　クラス担任制を廃して全員担任制を導入するやり方は、子どもたちにとって風通しのよい環境に変わるということがよくわかりました。学校における権力勾配をゆるやかにすることができる、大変よいやり方だと思います。

工藤　トラブルは子どもにとっての学びになるだけでなく、教員にとってもよい訓練、よい学びになります。ときにはうまく事が収まらないこともあります。でも、そういう経験も貴重な学びの蓄積です。何度も繰り返しているうちに、教員たちも「こんなふうにすればいいんだ」ということをどんどん学習していきます。

「トラブル勃発だ。あの子の場合は誰が行く？　一番信頼関係がある○○さん、頼むね。保護者には誰が連絡する？」と連携プレーもスムーズになっていきます。

そのうちに、生徒が何かトラブルを起こしても、イライラ、キリキリしなくなります。心に余裕もできますし、タフになっていきます。叱りつけていたときには思いも寄らなかったような、教師冥利《みょうり》に尽きるようなことだって起きます。

日本の教育は、固定担任制をやめるだけでもいろいろな問題が劇的に解消すると思います。

事前の工夫で「叱る」は減らせる

村中　「叱る」を手放すためにできることで、しかも意識するだけで誰でもできるようになることに「予測力を高める」ことがあると思っています。

「叱る」というのは、トラブルが起きてからやることです。事が起きてからいろいろ言うのではなくて、「こういうときにはこういうことが起こりそう」とあらかじめ予測して、事前に注意喚起するとか対処法を工夫しておくことで、叱るような事態を予防することができます。

トラブルが起きてからだと、焦ったりパニックになったりしてつい叱ってしまいやすいのですが、事前に予測できていれば気持ちに余裕ができます。

問題への対応がうまくいけば成功体験として次に活かすことができますし、仮にうまくいかなくても、何がいけなかったのかを整理して次の予測の精度を高めるための材料にすればいいわけです。

工藤　そうですね、予測力は大事です。想像力を働かせられるようになるということですから。予測精度が上がると、ストレスも減らせます。

村中　ええ。もう一つ、これも事前の工夫としてできることがあります。

私は発達障害とカテゴライズされることの多い「神経学的に少数派の人たち（ニューロマイノリティ）」への支援や、その支援者養成も行っているのですが、この領域では、不適切行動が起きる背景には「未学習」か「誤学習」、どちらかの状況があると考えます。

未学習とは、その場でどう振る舞えばいいのかを「まだ知らない」、あるいは教えられたけれども実践できるようになるまでには「身についていない」状態です。

誤学習には、「不適切な振る舞いを学習している」、あるいは「不適切な振る舞いをすることに何らかのメリットがあると感じて、わざとそうしている」場合などがあります。

未学習であるなら、どうするのがいいのかを説明し、そのやり方を身につける手伝いをしてあげればいい。誤学習であるなら、誤って身につけてしまった方法を他の方法に置き換える手伝いや、適切な行動をすることでより大きなメリットがあることを教えてあげればいい。こういう考え方をします。

つい叱ってしまう状況も、「これは未学習だからできないのではないか?」とか、「これは誤学習のために、やろうとしないのかもしれない」と考えて、サポートすればいいのです。意識と行動を変えるのに「叱る」よりもはるかに効果的です。

工藤　大人であれ、子どもであれ、課題を解決する力をつけるには経験の積み重ねと訓練が必要です。何度も間違えたり失敗したりしながら、試行錯誤してその力を獲得していけばいいんです。「間違えちゃいけない」「失敗しちゃいけない」なんて思っていたら、何も身につきませんよ。

学校で教えるべきは「対立しない」ではなく「対立をどうやって解決するか」

工藤　日本の教育の大きな問題点は、「心の教育」にあると僕は考えています。「心を一つにして」とか「絆」とか「団結」とか「みんな仲よく」といった言葉がよく使われますが、これらはすべて心のもちようを教育指導しようとするものです。

言い換えれば、「みんな同質になりなさい」という教え。「みんな仲よく」「心を一つに」と言われて身につくのは、同調性だけです。だからいまの日本では、対立を避けて周りから浮かないようにすることばかり考えたり、表面的に同調することで人間関係の折り合いをつけようとしたりする人間が増えてしまうのです。

人は一人ひとりみんな違います。だから、人が集まればぶつかり合いが起きるのは当然なんです。人がいれば、そこに対立、衝突が生じるのは当たり前のこと。「みんな仲よく」するのは、実はとても難しいことです。だからこそ、互いの違いを受け入れながら、どう行動すればいいのかを考える力を養わなければならないわけですね。それを教えるのが学校教育の重要な役割です。ところが、日本ではそういう教育が幼少のころからまったくなされていません。

村中　そうなんです。ただ「みんな仲よくしなさい」と言うだけでは違いへの理解になりません。近年、多様性という言葉が一気に広まり、あちこちで叫ばれるようになりました。しかし、違いがある、考え方が異なる、対立が生じる、といった問題に直面したときにどうすればいいかがわからない。そのために生じている問題がいろいろあります。とくに発達に少数派の特性がある人たちは、そこで息苦しい思いをすることが非常に多いのです。

工藤　いまの日本の教育では、「自分がされて嫌なことは人にするな」という指導をしがちです。しかし、自分がされて嫌なことが相手も嫌だとは限らないし、相手が嫌だと思うことが自分が嫌だとも限らない。「みんな違う」とはそういうことです。

作家・演出家の鴻上尚史《こうかみしょうじ》さんと『学校ってなんだ！』（講談社現代新書）という対談本を出したときに鴻上さんがおっしゃっていたのが、相手を理解するうえで大事なのはシンパシーではなく「エンパシー」だということでした。シンパシーは同情とか思いやりという情緒的なニュアンスの言葉です。一方、エンパシーは双方の違いを認めたうえで相手の立場に立って考えられる能力、想像力を必要とするものです。

「自分がされて嫌なことは人にするな」というのはシンパシーです。同情や思いやりは本質的に違いを受け入れることにも対立を解決することにもなりません。

村中　はい、私も子どもたちに教えるべきは、「嫌だと思うことは人によって違う」であり、「相手が嫌なことをしない」だと思っています。なぜならば、人それぞれ体験や感覚が違っているからです。

「人それぞれ異なる体験をしている」ことの例として、こんなことがありました。ある保護者の方から聞いた話です。その方のお子さんが、クラスメイトを叩いてしまいました。相手が「ひどいことを言った」ので、カッとなる気持ちを抑えられなくなってしまったそうです。ところが、殴られたほうの子は「ひどいことなんか言ってない」と言う。学校の教師が聞き取りをしたところ、周囲の子どもたちも叩かれた子どもと同じことを言いました。結局、教師は叩いた子がウソをついていると裁定して、厳しく叱る指導をしたそうです。

みんな彼が「苦し紛れにウソをついた」と思っていましたが、事実は違いました。誰もウソなどついていなかったのです。実は叩いてしまった子には、時間感覚の情報処理に特性があり、昔のことがごく最近のことのように思い出されることがあるようなタイプだったのです。実は、相手がひどいことを言ったのは1年ほど前のことでしたが、その子にとっては、1年前に言われたことも、最近言われたことも体験としてあまり違わない。おそらく以前の出来事を思い出すトリガーになるようなやりとりがあって、そのときのことがよみがえって叩いてしまった、と考えられるのです。
こういった時間感覚は自閉スペクトラムの子どもたちによくみられる特性で、そのお子さんも自閉スペクトラム症の診断を受けていました。もちろんどんな理由があれ人を叩いてはいけません。ですが、「なぜそうしたのか」という理由くらいは正確にその子の体験として理解する必要があります。そうでないと、少数派の体験をする子どもは、「叱られつづけることばかりになりますから。

工藤　いまのケースは、間に入った教員のやり方がよくないですね。そこに、子どもの成長のための支援という発想がない。取り調べのようなことをして、どちらが正しい、どちらが悪いと白黒つけることがこの問題の解決策ではありません。その体験は、どちらの子にとっても学びになっていません。

わからないことを、わからないこととして受けとめなくてはいけないこともあります。わからないことはわからないでいいんです。そういうなかで、こういう状況にどう向き合ったらいいかを考えられるようにするために、助言したり手助けしたりするのが大人の役目です。僕がその立場なら、両者の間に入って当事者同士に対話を促します。

「共通する着地点」を見出す

村中　対立関係にある状況で対話を進めるコツ、ぜひお教えください。

工藤　対立は、本来、当事者が解決するものです。しかし当事者だけでは容易に合意できなそうな場合、第三者が橋渡し役をして、両者が平和に過ごせるような合意点を見つけていくわけですね。第三者はあくまでも通訳のような立場、何かを指示するものでも、裁くものでもありません。まずは両者の気持ち、心情を受けとめたうえで、「結局、これを解決できるのは当事者であるきみたちなんだよ」と当事者意識をもって対話する必要性を伝えます。

対立には、大きく三つあります。「考え方」の対立、「感情」の対立、そして「利害」の対立。相手と考え方が違うことがわかると、攻撃的になったり、否定的になったりして感情の対立が強まります。対立で着目すべきは違いではなく、共通する部分です。それが利害です。利害はつねに相反するとは限りません。利害が一致するポイントというのがあります。

先ほどの自閉スペクトラム症の子と相手の子にしても、友だちを殴りたいと思ったわけでもないし、怒らせたいと思ったわけでもない。ものの感じ方や反応の仕方に違いがあって相手のことを理解することは難しいかもしれないけれど、本当のところ争いごとは起こしたくない、とどちらも思っているはずなんです。殴ったり殴られたりすることは避けたい、平和に過ごしたい、そこが利害が一致するところです。
だとすると、「どうすることで衝突を回避できるか」と話し合うことで、互いの求める平和な状況を目指すことができます。対立を解決するというのは、こういうことだと僕は思うのです。

村中　たしかに、考え方や感情は相容れなくても、共通の利益、あるいは共通の目的、共通する着地点を探すことで合意することはできる、解決に向かうことができますね。
これは、「叱る」「叱られる」という関係性でも言えることかもしれません。なぜ叱りたくなるのかといえば、相手に「こうなってほしい」という願いがあるからです。そこにフォーカスする。先ほどの「三つの言葉」の三番目、「手助けできることはある？」という問いかけはまさにそれですね。

工藤　対立することを過度に恐れるのではなく、ぶつかってもいいんだ、失敗してもいいんだと思わせてあげるのが教育の本質だと思います。
「人生って、いろいろうまくいかないことばかりだよね。だけど繰り返していると人は変化できる素敵な生き物だよ、だから自分をコントロールしていくことを覚えておくといいんだよ」と双方に言ってあげる、そういう流れだったら学びのある体験になるんじゃないでしょうか。

村中　はい、非常に腹落ちしました。

対話こそが未来を拓く力になる

工藤　教育者として僕が非常に尊敬し、共鳴している木村泰子さんという方がいます。大阪市立南住吉大空小学校（2014年に大空小学校に名称変更）の初代校長先生、ドキュメンタリー映画『みんなの学校』の主人公の先生です。大空小学校は、発達の特性をもつとか感情をコントロールするのが苦手だとか、いわゆる特別支援の対象となるような子もみんなと一緒に学ぶ学校で、木村さんは9年間にわたって試行錯誤しながらみんなの学校をつくってきました。

そういう環境でずっと一緒に生活していると、周りの子どもたちは「あの子はどうして暴力を振るってしまうんだろうか」とか「どうしてすぐに教室を飛び出していってしまうんだろうか」といったことをいつも見ていて、よくわかっているわけです。なぜそういう行動に出てしまうかはわからなくても、その行動を理解して受け入れることができるんですね。それで、ときには木村さんに「校長先生はわかっとらんな、こういうふうにしたほうがあの子のためになるんやで」などと教えてくれることもあるのだそうです。子どもの吸収力ってすごいんです。

最近は、ちょっと育てにくいところがあると、「これは発達の検査を受けたほうがいい」とか「この子は特別な支援が必要だ」「普通の子と一緒だと、この子自身が大変でしょう」などと言って特別支援という名のもとに分離しようとしますが、それでは子どもたちに真の多様性は身につきません。日常を一緒に過ごすことでどちらも学んでいくんですから。

村中　そう思います。ただ、単純に一緒にするだけでは少数派の子どもたちが「変なことばかりする」「話が通じない」「お前はおかしい」と言われてしまうことが多く、そういったことが積み重なって、「自分はコミュニケーションが苦手なんだ」と苦手意識をもつことがよくあります。でも本当は違うんですよね。単純にコミュニケーションスタイルが違っているだけなんです。私はその違いをよく「文化の違い」と呼んでいます。そういった文化の違いを、相互に尊重できる環境があれば、子どもたちは安心して成長していけます。そこで得る

「この世界はコントロール可能なんだ」という感覚、充足感はとても重要です。そして、それは後天的に学んでいくしかないものです。日本にはそういう成長の支援システムがまだまだ足りないように思います。

工藤　だいたい「問題」というのは大人がつくっているのです。「これは問題だ」と言って特別視したときから、それが問題になる。服装違反にしても、発達特性にしても、不登校にしても、すべてそうです。問題だと思わなければ何の問題にもならないんです。

日本の学校教育は、規則やルールを定め、そこからこぼれることは恥だという精神的押しつけで「従順な子ども」を育てるというスタイルをずっとつづけてきました。

そういう価値観に支配されているから、親も叱る、教員も叱る。日本の教育システムは子どもを苦しめていますが、実は親も苦しめていますし、教員も苦しめています。教員のメンタル不調の多さがそれをよく表していますよ。

日本の教育は発想の大転換をしなければいけないと思います。

課題はいろいろありますが、僕は何よりも心の教育をやめさせたい。「何のためにそうするのか」という目的を明確にし、対話で自己決定していく力を身につけさせてやりたい。対話することで誰も取りこぼさない社会を目指していけるんだ、ということを教えたい。それが僕が日本中の学校教育で定着させたいことです。

村中　対話の力が広まることは、「叱る」を手放していくことに直結すると思います。そうすればループが変わります。叱られることで萎縮《いしゅく》し、不安や恐怖を強め、チャレンジしていく意欲の芽が摘まれていってしまう悪循環から、主体性と自律性を高めていく好循環に変わっていきます。

工藤　子どもが元気になっていく姿を見るのは、やっぱり教員にとっては一番の喜びです。辛抱強く対話する力をつけることが、将来的には子どもの幸せにもつながることを、大人たちはもっときちんと教えるべきです。叱られつづけて幸せになる子はいませんからね。

村中　その通りです。

対談を終えて

工藤先生との対談の冒頭、実は私はとても混乱していました。「叱る」ことの定義が、工藤先生と私であまりにも違っていたからです。

工藤先生はご自身の「叱り方」を、「相手にネガティブな感情を抱かせないこと、相手をコントロールしようとするのではなく、状況を自分で解決していくための支援をすること」だと述べられました。私が認識する「叱る」とは、真逆の定義です。私の定義をもち出さずとも、これは本当に「叱る」と言えるのか？　と思われるくらいの、独自の定義ではないでしょうか。少なくともどの国語辞典をひいても、「叱る」について工藤先生の定義のような意味が書いてあるものはありません。

ですが、あの工藤先生が何の理由もなく、「叱る」という言葉を一般的でない形で用いるとも思えません。対談に心残りがあるとするならば、工藤先生の「叱る」の定義について、なぜそのように考えられるのか、突っ込んだお話をすることができなかったことです。そのため、対談の後でずっと自分なりにこの定義の違いについて、考えを巡らせてきました。

正しいかどうかは別にして、私なりにたどり着いた仮説があります。それは、「叱る」ことを否定するよりも、「叱る」ことの意味を拡大して伝えるほうが、学校の実情にあうコミュニケーションだからではないかということです。「叱ることを手放しましょう」という説明ではなく、「相手にネガティブ感情を与えずに、自己解決を促す形で叱ってください」と伝えるほうが、教員の方たちにとって受け取りやすい説明なのかもしれません。

それは裏を返すと、「叱らずに指導などできない」「叱らないことは甘やかすことだ」というような、「叱る」ことへの過信が学校現場に根深く存在している証拠なのかもしれません。対談のなかでも「毅然と叱るべし」という考え方が、色濃く学校現場に存在していることが話題にあがっていました。そう考えると、工藤先生が「私も叱ります」とおっしゃったことが腑《ふ》に落ちます。

対談を読んでおわかりいただけると思うのですが、ネガティブ感情を与えて相手をコントロールしようとすること（村中定義の「叱る」）への考え方や対処の方向性に、私と工藤先生に大きな違いはありません。工藤先生が子どもたちと向き合って行う「叱る」

は、私にとっては「叱る」ではなく、むしろ前さばきのための肯定的な声かけです。

しかし、工藤先生は「私も叱る」とおっしゃる。それはもしかしたら、あまりにも日常的に「叱る」ことが多い学校現場という環境に対する工夫や配慮なのかもしれないと思うのです。


そもそも叱ることが過信されやすいのは、それが即効性のある対応だからです。つまり、そのとき、その瞬間は「効果があった」「（相手が）学んだ」と感じるのに、実際は問題が解決されていないところに一番の難しさがあります。だから私は、〈叱る依存〉という言葉を生み出すことで、「叱っても学ばないし、成長しない」ことを多くの方に伝えようとしました。

でもそれはもしかしたら、私が臨床心理士で、教育や子育てを「外側」から支援する立場だからなのかもしれません。もし工藤先生と同じ立場で、目の前に叱ることの効果を信じている部下や同僚がいたら、真っ向から「効果がない」「依存性がある」と伝えること以外の方法を考えていたようにも思うのです。

たとえば、工藤先生が現場の先生に、叱ることの優先順位をつける指導をしたのは、「そんなに全部厳しく叱ったら、大事なことを叱れなくなるよ」と表向きは伝えながら、結果的には「叱る」を手放していくことにつながる指導を目指しておられるようにも思うのです。

もう一点、強く印象に残っていることがあります。それは工藤先生が子どもたちの「自己決定」や「自己解決」をとても大切にしておられることです。

この点は、私自身も重視しているポイントです。なぜなら、実は相手の自己決定を促す対応は「叱る」という行為と深い関係があるからです。対談ではその点について、深く掘り下げることができなかったので、ここで少し補足しておきます。

結論から言うと、自己決定を重視する対応は「叱る」を手放すことにつながります。

なぜ「自己決定」を尊重すると、「叱る」ことが減るのか。

それは自己決定を促す対応が、相手に決定権を委ねる対応だからです。すでにお伝えしたように「叱る」という行為の本質は、相手を思い通りにコントロールしようとするところにあります。だからそのとき、行動の決定権は「叱る人」にあるのです。
叱る側が信じる「あるべき姿」に、相手を従わせようとしているのですから当然です。自己決定を尊重する対応は、叱る人がもっている「決定権」を、相手に委ねることを意味しています。だから、そもそも「叱る」という発想になりにくいのです。

もう一つ、自己決定を重視することには大切な意味があります。それは、子どもたちの学びや成長を促進する対応であることです。第1章で「防御モード」は学びや成長を促進しないとお伝えしました。では逆に、学びや成長が促進されるのはどんなときでしょうか？　それは「欲しい」「やりたい」といった欲求をベースにした学びです。やりたいことや達成したいことがあるときに、その目標に向かってワクワクしながら試行錯誤するとき、人は最も学び成長するのです。

このことは、心理学などの専門知を持ちださなくとも、経験として多くの人が理解できるのではないでしょうか。私はこの状態を「冒険モード」と呼んでいます。多くの人が自分の人生を振り返ったときに「冒険モード」でしか学んでこなかったことを経験として知っているのに、人の学びや成長には「防御モード」を用いようとするのは、とても不思議なことです。

では相手に冒険モードになってもらうためには、どんな働きかけが有効なのでしょうか。

残念ながら、人を冒険モードにさせる「スイッチ」は見つかっていません。きっとそもそも存在しないのでしょう。

ですが、人の冒険モードをオフにするスイッチはあります。それは、他者から強制されることです。人は「自分がしたいからしている」「自分で決めて取り組んでいる」と思えないことに対しては、冒険モードにはまずなれません。冒険モードになるときには、行動の前に自己決定をしているということです。

同じことをしていても、それを「冒険モード」でしているのか、「防御モード」でしているのかで、その人の内側で起きていることは全く違います。だから私たちは、相手に学んでほしい、育ってほしいと願うなら、相手の自己決定を尊重し、重要視する必要があるのです。そしてそれは同時に、叱ることを自然に手放すことにもつながるでしょう。

第 3 章

「叱る」と「フィードバック」の違いとは?

中原 淳 × 村中直人

Nakahara Jun ／ Muranaka Naoto

【中原　淳　なかはら・じゅん】　立教大学経営学部教授。立教大学大学院経営学研究科リーダーシップ開発コース主査、立教大学経営学部リーダーシップ研究所副所長。博士（人間科学）。専門は人材開発論・組織開発論。

　1975年、北海道旭川市生まれ。東京大学教育学部を卒業後、大阪大学大学院人間科学研究科、メディア教育開発センター（現・放送大学）、米国・マサチューセッツ工科大学客員研究員、東京大学講師・准教授などをへて、2018年より現職。「大人の学びを科学する」をテーマに、企業・組織における人材開発・組織開発について研究している。

　著書に『職場学習論』『経営学習論』（ともに東京大学出版会）、『研修開発入門』（ダイヤモンド社）、『駆け出しマネジャーの成長論』（中公新書ラクレ）、『フィードバック入門』『話し合いの作法』（ともにPHPビジネス新書）など、他共編著多数。

立教大学の中原淳先生といえば、人材開発・組織開発論の第一人者であり、著作もたくさんある著名な経営学者です。そのご高名は門外漢の私ですら、ずっと以前からお名前を存じ上げているくらいです。だからてっきり、私よりずっと年上の先生だと思い込んでいたのですが、私と2歳しか違わないことを今回の対談で知り、ショックを受けました。

私がまだ大学院生だったころから、第一線で企業の人材育成や組織のあり方を研究し、キャリアを重ねてこられた中原先生が、〈叱る依存〉についてどのような見解を述べられるのか。とくに、事前に先生が書かれた『フィードバック入門　耳の痛いことを伝えて部下と職場を立て直す技術』を拝読していたので、「叱る」と「耳の痛いフィードバック」は何がどう違うのかについて、どのように考えておられるのかが気になっていました。

中原先生との対談は期待と不安が入り交じる緊張感の高いものでしたが、冒頭から先生の意外な告白から始まるとても楽しい時間でした。先生のご著書『フィードバック入門』の内容にも触れながら、意義深い対話となったように思います。

「叱る」ことの快感、中毒性

中原　今回の対談のお話を受ける以前に、僕は村中さんの『〈叱る依存〉がとまらない』（紀伊國屋書店）を読んでいて、面白い視点だなと思っていたんです。

村中　驚きました。それはうれしいですね。ありがとうございます。

中原　「叱ると気持ちよい」という感覚が、人間にはありますよ。ちょうどこの本を読んだころ、SEKAI NO OWARIの「Habit」という曲がバズっていました。そのなかに「大人の俺が言っちゃいけない事言っちゃうけど　説教するってぶっちゃけ快楽」というフレーズが出てくるんです。「まさにこれだな」と思いました（笑）。

村中　たしかに〈叱る依存〉はハビット（Habit：習慣）ですからね。

私が「『叱る』という行為は、叱る人のニーズを充たす」ということに着目するようになったのは、脳・神経科学の知見をいろいろ読みまくっているなかで「誰かを罰することで、脳の報酬系回路は活性化する」という研究報告を知ったことがきっかけでした。報酬系回路というのは、ドーパミンを放出することで人の欲求や意欲の元になっていると考えられている脳の神経系なんです。

人間にとって処罰感情の充足は快感なのだと知って、世界の見え方が変わった気がしました。それが契機となって、「叱る」という行為のメカニズムを解きほぐしてみたい、と考えるようになったのです。

中原　当初から、「叱る」ことの快感を「アディクション（依存）」につながるものとして捉えていたんですか？

村中　いえ、どちらかというと、「叱る」を掘り下げていろいろ知っていくにつれて「似ているなあ」という思いを強めるようになった、という感じですね。

叱るって、相手が悪いことやダメなことをしていると思うからするわけじゃないですか。だから報酬系回路が活性化される可能性がきわめて高い。ドーパミンはよく「快楽物質」と言われますが、厳密には「欲しい」「やりたい」といった欲求を支える働きをする神経伝達物質で、未来に期待することへの高揚感や充足感で人間の行動に影響を及ぼしているんです。いい影響としては、やる気を起こす、活動的になる、学習能力をアップさせるといったことが挙げられますが、報酬系回路は過剰な刺激に乗っ取られてしまうと、欲求充足を求めて反復せずにはいられなくなることもあります。それで起きるのが「依存」です。

中原　「叱る」と「依存」という言葉の組み合わせはキャッチーですよね。自分の「叱る／叱られる」体験を振り返ってみたとき、多くの人がちょっと思い当たるところがある。そこをうまく突いている指摘だと思います。

村中　最初は「依存」という言葉を使っていいものか、かなり迷いました。しかし〈叱る依存〉という言葉を中核概念にすると肚を決めたことで、すっきりと見えてくるようになったことも多く、結果的によかったと思っています。

誰でも「叱る」ループにハマる可能性はある

村中　〈叱る依存〉という現象は、性格や気質的な問題によるものではないと私は考えています。脳神経の仕組みから考えると、誰もが当事者となり得るんです。

ドーパミンが報酬系回路から放出される、と言いました。実は報酬系回路は、報酬を得たときに働くところから、だんだん「報酬を予想したときに働くようになる」性質がありま す。つまり、最初は叱ったときに充足していたところから、だんだん「叱ってやったら変わるだろう」と叱ることに執着するようになっていく。その繰り返しのメカニズムは、正真正銘の依存症である薬物の効能などとよく似ているのです。

中原　だから、「叱らずにはいられない」「わかっちゃいるけどやめられない」状態になっていくわけですね。

村中　叱った瞬間、叱られた側はたいていの場合、シュンとして謝ったり、行動を変えたりしますよね。

それを見て叱った側は「自分の行為には影響力がある」「自分が叱ったことで変化した」という感覚を抱きます。ところが、叱られた側が謝ったり殊勝《しゅしょう》な態度をとったりするのは、「早くこの危機的状況を切り抜けたい」という動物的な反射によるものであって、本当の行動変容ではないんです。ですから、結局また同じことが繰り返されます。

中原　わかります、わかります。叱責されると人は萎縮するので、叱った側は効果があったように勘違いするけれども、実際のところそれは行動補正にはならない。

村中　はい、そこで「なんだ、全然わかっていないじゃないか」とまた叱りたくなる。効果がないにもかかわらず、叱らずにはいられなくなっていきます。

中原　その「叱る」ループに、僕自身、保護者としてハマりかけたことがあります。

息子が思春期のころ、息子のある行動が気になり、よく叱っていた時期がありました。叱った直後はちょっとシュンとしているものの、結局何も変わらない。だからまた叱る。「叱る→変わらない」「叱る→変わらない」「叱る→変わらない」という不毛なやりとりを繰り返していました。自分自身、いいかげんこれではダメだとわかりそうなものなんですが、そのときは感情が支配しているのでループから抜け出せず、しばらく同じことをつづけていたんです。

ただ、さすがに気がつきました。対人関係において、数回、相手に対して行動してみて、相手が受容してくれないものは、いくら、繰り返してもダメなのです。アプローチを変えなければならない、と。すぐに思ったのは「息子を変えようとしないこと」です。「これ、息子を変えるんじゃなくて、自分が変わったほうが早いんじゃないか」と思ったんですね。相手のことは変えられなくても、自分なら変えられる、と。そこで僕自身が姿勢を切り替えることにしたんです。「もうこのことで叱ることはない。ただお前が変わろうとする気があるなら相談にのる」と言って、叱るのをパタリとやめました。

すると、彼に変化が起き始めました。結局、定着するまでは1年くらいかかりましたけど、でも、その間は何も言わなかった。自分でやり方を決めて、自分で実行することになりました。あのままループにハマっていたら、僕も〈叱る依存〉になりかねなかった、気づけてよかったという体験があります。他人を変えようとせず、自分が変わる。自分が変われば、対人関係においては、相手が自ら変わることもある。そういうことなのかな、と思います。

村中　負のループって、誰でもハマる可能性があるんです。〈叱る依存〉というのは一部の人だけがなってしまうものではない、人にはそういう心性が備わっているということに、私たちは自覚的である必要があります。

「叱る」の周辺に渦巻くイリュージョン

村中　私は「叱る」ことを全面否定しているわけではないんです。ただ、職場においては「叱る」必要性はほぼ存在しないと考えています。ですが、ネットなどでよく、「上手な部下の叱り方」とか「部下を伸ばす叱り方」のような文脈の記事を見かけます。これは、部下を「叱る」ことは必要だという認識が当たり前のこととしてあるから出てくる発想ではないかと、いささか釈然としないものを感じているんですね。そのあたり中原先生はどんなふうにお感じになっていますか？

中原　この国の文化的土壌として、「叱ることで人は変わるんだ」とか、「厳しくして発奮させれば人は伸びるんだ」といったメンタリティがあるんだと思うんですよ。僕はこれらを「イリュージョン」と呼んでいますが。

村中　イリュージョン、つまり幻想、幻影、錯覚のようなもの。

中原　はい。村中さんが本でお書きになっているように、「叱る」ことでは人はいい方向には変わらない。けれども、「叱る」の周辺にはさまざまなイリュージョンがあって、「叱らないとわからないんだ」と頑《かたく》なに思い込んでいる人たちが少なくない。いや、大多数がそうだと言ってもいいかもしれません。

村中　日本の社会にはその傾向が非常に根深くありますね。「人は苦痛を耐えて乗り越えることで成長する」「苦しみを味わわないと成長できない」という思い込みを、私は「苦痛神話」と表現しています。誰かから苦痛を味わうような状況を理不尽に強いられても、その先にはいわゆる学習性無力感しか待っていません。自発的に動いて状況を変えていこうという意欲は奪われて、あきらめと無気力だけが支配するようになってしまいます。

中原　「叱らないとわからない」の先に「発奮幻想」というのもあります。たとえば、企業研修の最後に社長が出てきて発破をかけると、意識変革が起きてみんな目をキラキラさせるように変わるに違いない、という幻想です。こういう夢みたいな幻想を抱いている人が、教員のなかにもいますが、そんなことは起こりません。イリュージョンです。

「人は修羅場に追い込まれてタフな経験をすることで学ぶんだ」という「修羅場イリュージョン」もありますね。企業の人事セクションの人たちのなかには、「修羅場」という言葉が好きなひともいます。経験学習という言葉をすごく狭く捉えて、切迫した危機的経験をすることで成長する、と思っているのでしょう。企業の人事のミーティングとか、１日カンファレンスなどに呼ばれて行くと、よく「修羅場を踏んでこそ」というトーンの話を耳にします。

村中　どういう状況で修羅場をくぐることになったかにもよりますよね。本人が自分で選択してやったことの先に修羅場があったような場合は、それが運よく成長のバネになるようなこともあり得るかもしれません。しかし、他者から意図的に修羅場を与えることによって得られるメリットはまずないです。

中原　修羅場イリュージョンの背景には、おそらく成功を収めた経営者が語る修羅場的経験譚なんかが関係しているんじゃないかと思います。「あなたを大きく成長させた経験は何ですか」と問われると、長く第一線でやってきた人はドラマチックなエピソードを豊富におもちですから、武勇伝をいろいろ披露してくれます。

しかし、そういう私的経験を「修羅場＝人を成長させる原資」と捉えるのはお門違いなんです。よく考えてみると、そういう人たちは苛烈な生き残り競争に勝った一握りの人であって、実は修羅場のかげには死屍累々《ししるいるい》の山ですからね。にもかかわらず、生き残った成功者にスポットライトを当てたストーリーが「修羅場をくぐらなくては成長できない」という話に置き換えられてしまう。「修羅場イリュージョン」は、いわば「生存者のバイアス」に他なりません。つまり、失敗者や死屍累々の山を見ずに、生存できた成功者の言葉だけを偏って信じてしまうのです。

　苦痛にしても、修羅場にしても、一番大事なことは、激しいダメージを受けたとき、どうリカバーするか、どうすれば再起のチャンスが得られるのかであって、苦痛や修羅場を味わうこと自体ではありません。

村中　私もまったく同感です。本当に典型的な「生存者バイアス」ですよね。こういったイリュージョン的な社会通念、囚われから抜け出してもらわないことには、「叱る」という概念への意識改革は進まないんです。

ハラスメントに抑止力が働きやすい会社、働きにくい会社

村中　職場のパワーハラスメントを防止する措置として、２０２０年６月から「パワハラ防止法（労働施策総合推進法）」が施行されましたね。２０２２年４月からは、大企業だけでなく中小企業も対象となりましたが、この措置は有効に機能しているんでしょうか。

中原　ハラスメントへの関心が高まっていることは確かです。「一発アウト」のような厳罰処分が下される例も実際にありますし、ひどい暴言を吐くような人は少なくはなっていると思います。ただし、それは大企業とか、ハラスメント対策の仕組みが整っているごく一部の企業のことで、日本全国を見てみれば〈叱る依存〉的環境は相変わらずあふれているんだろうなと僕は思っています。なにしろこの国は、全企業数の99・7％が中小企業ですからね。ハラスメントは増加している。ないしは発見数が増えているので、表に出やすくなっていると思います。

村中　勉強不足で恐縮ですが、大企業では具体的にどういったかたちでチェック機能が働くのですか？

中原　大企業の場合、社内の異変を見つけるための仕掛けが入っていることが多いです。また通報制度もありますよね。エンゲージメント・サーベイ（組織の状態を可視化する診断ツール）を入れているとか、従業員満足度調査を行っているとか、定期的に1on1ミーティングを行っているとか。

たとえば、それまでは職場満足度がかなり高かったのに、管理職が代わったら満足度が急落したというようなことがあると、人事は管理職を呼んで面談をする、というように介入していくことができます。

また産業医がいますから、身体の健康だけでなくメンタルヘルスについても相談しやすい体制があります。メンタルをやられる人が多い職場があれば、その報告も上がってきます。異変が検出されやすい構造やしかけは、中小企業よりは存在しています。

村中　社員の反応を吸い上げる仕組みがあることで、問題があったときに客観的に検知しやすい、気づきやすいんですね。

中原　中小企業は組織サイズが小さいため、そういった仕組みが構築されにくい環境です。

それ以前の話として、そもそも基本的な組織体制が整備されていないようなこともけっこうあるんです。従業員20〜30人ぐらいの会社に行くと、組織図が描けないとか、給与体系が明確に整っていない、といったことがざらにあります。「給与は社長が決めてます、以上。」といった企業も非常に多いのです。

典型的なファミリービジネスの場合、ワンマンな社長がいて、その家族か親戚がかたちばかりの役員を務め、その下に管理職がいて、あとは従業員という構造です。管理職といっても、営業成績を上げて登用されるといったことが多く、マネジメント研修なんかも受けたことがない。結局、社長の思いつきやこれまでのなりゆきで、なんとなくまるっと運営されている感じのところが多いんです。

村中　なるほど、秩序を維持するための体制が整っていない。それでは、歯止めとなる仕組みどころか、問題行動があっても表に出てきにくいですね。

中原　ファミリービジネスの一番の問題点は、ファミリーであるがゆえに代替できないことです。社長や親族がパワハラ体質でも、クビをすげ替えることができませんから。

単純に企業規模の大小だけの問題ではなく、この国ではまだまだ「従わせるスタイル」のリーダー像が健在です。そこがもっと変わっていかないとダメでしょうね。

パワハラは会社の未来を潰す

村中　パワハラ防止法もそうですし、ネット上の誹謗中傷《ひぼうちゅうしょう》対策として侮辱罪が厳罰化されたことなどもそうなのですが、抑止の意味で罰則もたしかに必要だと思う一方で、禁止して取り締まったり罰したりするだけでは根本的な解決にならないだろうと私は思っています。法制度で押さえつけるというやり方は、国や社会が強圧的に「叱る」を行使していることですから、国ぐるみの〈叱る依存〉状態になってしまいます。

薬物依存症の人に「ダメ。ゼッタイ。」といくら言ってもやめられないように、〈叱る依存〉に陥っている人に「叱っちゃダメです」と言ってもやめられません。

中原　僕がよく言っているのは、「パワハラは会社の未来を潰す」という話です。

パワハラをする人って、「パワハラしている」という自覚がないことのほうが多いのです。なぜなら、よかれと思って「指導している」と思っており、それが、相手や周囲から「受容されている」と思っているから。よかれと思って「しょうがないな、私がガツンと言ってやる」と思っているのです。気持ちよいのです。感謝されている、と思っている場合もあります。まさに村中さんのおっしゃる〈叱る依存〉状態なんですよ。そしてパワハラは繰り返されます。最悪の場合には、職場内に、パワハラが「感染」していきます。みなが同じようなパワハラ言動をとっていくのです。

一方、やられる側は激しいダメージを受けます。最悪の場合には、メンタルダウンや離職につながります。昨今は、人手不足なので、そう簡単に採用はできません。離職がつづけば、事業が回らなくなります。パワハラは会社を潰すのです。

村中　気持ちよくなって、自己効力感を高めて、ますます言動が強化されていく。それがどんどん他人にも感染していく。

中原　そうです。誰かがご注進してくれるようであればいいんですが、たいてい周りは何も言えなくて、裸の王様のような状態になっています。自分が会社にとってどんな不利益をもたらすことをしているか、まったくわかっていないんですね。

パワハラ上司のもとでメンタルをやられた部下は、働けなくなり、辞めていきます。いまはソーシャルメディアを通じて情報が簡単に発信され、拡散されます。「あそこの会社はパワハラがひどい、ブラック企業だ」といった評判が拡がれば、社員のモチベーションもダダ下がりしますし、ネガティブな評判は顧客、取引先にも伝わり、会社のイメージや信用、価値を損なうことにつながります。そうなると、新たに人を採りたくても、人が来ません。優秀な人は間違いなく入ってこなくなります。人は減り、売り上げは下がり、組織は全体的に活力を失っていきます。事業継続も危うくなっていくかもしれない。

パワハラは「百害あって一利なし」、会社の未来を潰すことになるわけです。

村中 パワハラは文字通り権力をもった人がやる行為ですよね。その権力ある立場の人が、自分の振る舞いが正しくないどころか、会社に大きな損失を与え、会社の行く末を危うくさせるということとつなげて捉えられるようになると、抑制が利きやすくなるのかもしれませんね。

中原 先にもお話しした通り、パワハラは感染しますからね。人間って、望ましいものを学習するだけでなく、学んではいけないものを学んでしまうところもあります。パワハラが横行する組織にいると、好むと好まざるとにかかわらず学習してしまいます。火の粉が自分の身に降りかかってくるのを怖れて見て見ぬフリをすることもあるし、状況的に片棒担ぎをせざるを得ないこともある。パワハラはそうやって組織内に感染拡大していきます。これを「組織学習（組織内に、ある特定の個人の行動が共有され、定常的にみなが行う行動になること）」といいます。パワハラは「組織学習」されるのです。

パワハラ被害を受けて嫌な思いをしたことがあり、「自分は絶対にあんなふうにはならない」と思っていた人でも、何か感情を爆発させるような出来事が起きたときに、気づいたらパワハラ加害者になっていた、ということもあります。負の再生産をしてしまうのです。

村中　ああ、わかります。虐待やＤＶでもよくそういうことがあります。そういう行為に対して強い嫌悪感情をもっているのに、過去の経験を通じて学習してしまっていて、同じことを自分もしてしまうという負の連鎖が起こる。

中原　パワハラは個人の行動ですが、結局は組織的課題なんです。ですから、この問題を解決していくには組織としてしっかり意識啓発をし、ちゃんとした管理職を育成していくことがポイントになります。ただ、日本企業は管理職研修にあまり熱心ではない。僕の実感としては、新入社員研修に比べると10分の１ぐらいしか投資していない印象です。

「言いたい」けれど「言えない」、マネジャーのジレンマ

村中　コンプライアンスやハラスメントへの意識が高まってから中間管理職になった人たちはどういう反応なのでしょうか。

中原　悩んでいる人が多いですよ。僕は人材開発・組織開発の研究と教育に携わるようになって25年弱になりますが、いまのマネジャーは葛藤《かっとう》が多くて本当に大変になっています。

自分たちはパワハラという概念がまだない時代に、怒鳴られたり叱られたりして育ってきたけれど、いまの時代、そんな言動は許されない。

一方で、打たれ慣れていない若手は、ちょっと厳しく言うだけでも会社に来なくなってしまう。ですから、「こんなこと言ったらハラスメントになるんじゃないか」とか「こういう注意をしたら、若手を傷つけるんじゃないだろうか」といった懸念から、言いたいことを言えない状態に陥っている人が多いです。

また、職場のメンバーの多様化が進み、雇用形態も複雑化しているという点でも、いろいろマネジメントが難しい。

とくに、「年上の部下」問題に頭を痛めているマネジャーが増えています。役職定年制により、以前は部長、次長という肩書きだった人が一メンバーとしてチームにいるわけです。少し前まで上司だった人が、自分の部下としてチームにいる状態。どうコミュニケーションをとったらいいのか、悩ましい問題となっています。

村中　それはたしかにハードルが高いですね。これまで20年とかそれ以上にわたって管理職として権力ある立場にいた人が、突然、一介の社員という立ち位置に戻れるかというと、非常に難しいものがある。やりにくいでしょうね。

中原　外国人労働者も増え、文化や価値観の違いに基づく意識のズレに苦労することもありますし、コロナ禍以降、リモートワークが広まったことで、メンバー個々の仕事の様子も把握しにくくなっています。

こういった状況のなかで、マネジャーは部下を育て、チームの成果を上げなくてはいけません。ときには厳しく言う必要があるのはわかっている。ただ、自身は叱られて育ってきているので、「叱る」モード以外の指導方法を知らない。「言いたい」けれど「言えない」……どうしたらいいのかと悩んでいるマネジャーがとても多いと思います。

村中　そういった悩みを抱えたマネジャーの人たちが相談できる場とか、サポートしてもらえる体制はあるんですか？

中原　部下のワークエンゲージメントを高めるためにどうフォローすべきかという話は山ほどありますが、マネジャー自身へのフォロー体制はあまり整っているとは言えません。だからバーンアウトも多いですよ。こんなにストレスフルな状況になっているんだから、マネジャーに対して会社がフォローアップの研修をするとか、もっとサポート体制を整えるべきですね。呼んで話を聞いてあげるだけでも違うと思います。

村中　そうですよね。私は臨床心理士になってからスクールカウンセラーなどの教育畑の支援者としてキャリアをスタートさせ、その後、主に子どもたちの学習支援を中心に取り組んできましたが、お話を伺っていて、企業のマネジャー層の苦悩に向き合えるようなカウンセラーの需要もすごく高まっているのかなという思いを強くしました。

「フィードバック」の技術を標準装備せよ！

中原　たとえ言いづらくても、部下を指導し育てなければいけない、それがマネジャーの役割です。では、感情的に叱るのでも、高圧的な態度をとるのでもなく、相手に行動補正してもらうにはどうしたらいいいか。それを「フィードバック」の技術でやろうよ、と僕は提唱してきています。

村中　先生のご著書『フィードバック入門』（PHPビジネス新書）を私も読ませていただきました。「耳の痛いことを伝えて部下と職場を立て直す技術」——非常に簡潔でわかりやすい定義だなと思いました。

中原　日本では、「はっきり言わない」ことが社会の流儀となり、定着しきっています。空気を読んで、忖度《そんたく》したり、おだてたり、へつらったりすることは覚えるけれど、「冷静に、客観的に、事実をはっきり伝える」というスタイルのコミュニケーションの仕方を全然学んでいないんです。主観を交えずにフラットに伝えるスキルがまったく鍛えられていません。

マネジャーとしてチームの面々を束ねていかなくてはいけないとき、フィードバックがうまくできるかどうかはとても重要な要素です。このスキルを磨かずにチームを率いていこうとするのは、武器も防具ももたずに丸腰で戦おうとしているようなもの。コミュニケーションの一方法として、みんなフィードバックの技術を標準装備すべきなんですよ。

村中　そうですね、それはビジネスに携わる人だけじゃなくて誰もが必要かもしれません。

中原　フィードバックをスキルとして身につけておくと、コミュニケーション術としてさまざまな場面で役に立ちます。人と接するときに、無駄に悩むことがなくなります。

フィードバックは「慣れ」です。「場数」が大事。経験知で磨かれていく。だから、フィードバックを学ぶ機会をなるべく早いうちにもっておく、できれば学生時代のうちに学んで、たくさん実践的な経験を積んで慣れておくといいと思うんですよね。

フィードバックというと、通常、情報を通知すること、結果を伝えることのように捉えている人が多いんです。ただ、僕はそれだけでは使える技術にはならないと考えていて、現状を伝えた後、相手がその状態を立て直していくプロセスに寄り添い、支援することまで含めてフィードバックだ、と言っています。

「現状通知」と「立て直しの支援」という二本柱

村中　中原先生は本のなかで、まずは「鏡に映し出すように現実を伝える」ことが大事だと書かれていますね。心理学的に「メタ認知を高める」という文脈で鏡にたとえることはよくあります。自己を俯瞰《ふかん》的に捉えることを通して、自分自身をコントロールすることができるようになったり、成長したりすると考えられています。

中原　はい。僕の考えるフィードバックには二つのポイントがあります。

一つ目の働きかけは、「現状通知」です。たとえ相手にとって耳の痛いことであっても、率直に伝える。相手の行動がどう見えているかを、こちらの主観を交えずにありのままに伝える。鏡は事実を盛りませんからね。鏡に映すかのように、事実を伝える。

二つ目は、「立て直しの支援」。伝えたことを基に、相手がうまくできない部分を立て直していくのをサポートしていく。

フィードバックの定義って、分野、専門領域によってかなりまちまちなんですが、狭義に言えば「外部からの情報通知」を指すことが一般的です。立て直しについては、目標設定とかコーチングとか、またそれぞれ個別に理論があるんですね。

しかし日本の現状を考えると、「耳の痛いことをどう伝えるか」が苦手であるのと同じくらい、いやむしろそれ以上に、「伝えた後、相手にどう向き合うか」がみんな苦手なんじゃないかな、と思ったわけですよ。

村中　私もそう思います。

中原　フィードバックを日本の人材育成スキルとして活かすには、現状通知以上に、行動の補正にどう付き合うかという要素に重きを置く必要がある、と考えました。それで、僕の拡大解釈になるけれども、立て直しの支援もフィードバックの概念に含め、一つのこととして捉えてもらいたいと考えて、二本柱の概念にしたのです。

村中　耳の痛いことを伝えるだけでなく、その人の立ち直りの過程をフォローし、成長を支えるところまでがフィードバックですよ、と。

中原　そうです、フィードバックは、立て直しのためのサポートこそが大切ですよ、と。比重の置き方で言ったら「現状通知1、立て直し9」ぐらいだと言ってもいいと思います。そのくらい、立て直しは重要だと思うんですね。

フィードバックが恐怖や不安につながることはないのか

村中　いま伺っていて私が非常に関心をもったのが、フィードバックを受ける側の人の感情です。これは「叱る」とフィードバックの違いは何かということにも通じる話だと思うのです。叱られたわけではなくても、耳の痛いことを伝えられることでネガティブな感情が発生し、不安になったり恐怖を感じたりするといったことがありますよね。

厳しいことを突きつけられると、それが事実であってもちょっと落ち込んでしまったりすることがあると思うんです。たとえば、私は鏡に映った自分の姿を見て「太ったなあ、なんだこの腹の出方は」とがっくりくるようなことがあります。鏡は事実を伝えているだけ、外から自分という人間はこう見えているんだということはわかっているんですが、当人としてはちょっとネガティブな気分になるのは否めない。

厳しい現実を知ることで、その副産物として心の痛みを伴うことがあるのではないかと思うのですが、中原先生の説かれているフィードバックでは、そのあたりはどのようにされているんですか。

中原　そういうこともありますよね、どんなに伝え方に留意しても、受けとめ方は人それぞれですから。実際、「フィードバックが怖い」と言う人もいるようです。

ただ、それはフィードバックとして正しくないことが行われているのが原因です。やり方に何か誤りがあるんですよ。

フィードバックが恐怖だと言う人は、過去のフィードバックでさんざんな思いをして、それが心の傷になっていると考えられます。たとえば、ひどく辛辣《しんらつ》なことを言われたとか、評価が最悪だったとか、納得できない理不尽な内容だったとか。そして、言われっぱなしにされて、その後立て直しにいたらなかった結果、嫌な思いだけが強く残ってしまったのだと思います。これは誤ったフィードバックのやり方です。そんな中途半端なことをやってはダメですよ。

村中　そうですね、耳の痛いことを勝手に言うだけであれば、それは叱っているのとあまり変わらないですしね。

中原　僕がその後のフォローとして、立て直しのプロセスに寄り添うことを強調しているのは、「言いっぱなしにしない」ためです。人事研修の一環として取り入れられたシステムだとしても、フィードバックは人と人とのコミュニケーションです。立て直しが図れるまできちんとサポートしなければならない。

マネジャーは何のためにいるのか。チームを率いて成果を上げるためです。何のためにフィードバックを行うのか。業務遂行の弱点となっているところを見える化し、変化や成長をサポートして、その人がチームのメンバーとして成果を上げられるようにするためです。部下を立て直すことは、チームの現状を立て直すことになります。フィードバックの目的はそこにある。マネジャーはそのことをしっかり把握していなければいけないし、対象者にもフィードバックのそういう意味を説明できないといけません。

村中　なるほど、非常によく理解できました。フィードバックを行うのは、立て直しにつなげるため、チームの成果につなげるためだという目的意識の共有が大事なんですね。

中原「360度フィードバック（多面評価）」といって、ある人物について、上司、同僚、部下など周囲の人たちに行動や振る舞いをいくつかの観点から評価してもらう手法があります。本人の自己評価と周囲の評価との「ズレ」を認識してもらい、仕事のやり方や行動の改善、補正などを目指すものです。ハラスメント対策にも活かせるということで、幅広く実施されています。

この360度フィードバックで、他者からの評価を受け入れられない人がいるんです。自分のプライドが傷つけられたと受けとめて、「そんなの知るか」「あいつらに俺の何がわかるっていうんだ」と凄んでしまう。ミドルエイジに多いです。自分は正しい、変わる必要なんかないと思い込んでいて、他者と自己の評価のギャップに向き合えないんです。

村中　う～ん、いかにも〈叱る依存〉に陥ってしまいやすそうな状況ですね。

中原　変わるチャンスを与えてもらっているのに、自己防衛に躍起になってしまう。もちろん年齢だけの問題ではありませんが、やっぱり若いうちのほうが変わることに対して柔軟です。だから、早いうちに身につけておくことを勧めたいんですよ。

中原流「叱る」を手放すヒント

村中　いまのお話から、フィードバックで他者からの評価を柔軟に受け入れられるかどうかというのは、「叱る」を手放すための一つの条件なのかもしれない、と思いました。

中原先生からご覧になって、ほかにも「叱る」を手放していくために役立ちそうなことがありましたら、教えていただけますか。

中原　それこそメタ認知で俯瞰《ふかん》的に自分を捉える感覚をもつことって大事ですよね。自分が同じパターンの繰り返しをしていることに気づくとか。何度やってもうまくいかないというときはイライラして葛藤があると思いますが、それは見方を変えるとやり方を変えてみるチャンスだということ。

村中　たしかにそうですね。自分の行動パターンを認識をするきっかけとして、メカニズムがわかると客観視しやすくなる、自分の行動を変えやすくなる、と私は思っています。変われる人ってメカニズムに気づく人なんです。中原先生が息子さんを叱っているご自分のあり方をメタ認知されて、自ら「このパターンを変えなくては」と考えられたように、気づきが大事です。

中原　自分が同じパターンにハマっていると気づいたら、やり方を変えるチャンスだと思えばいい。たとえば、なかなか育ってくれない部下に、3回、いや5回注意したけれど変化がなかったら、そのときは相手を変えようとするのをやめて、自分を変える。すると変化が生まれます。

俯瞰視点でいうと、「セルフアウェアネス」というのもあります。

村中　セルフアウェアネス、自己を知るという意味ですね。

中原　自分は権力をもっている、すなわち権限が強い、影響力が大きい、ということをきちんと自覚することをいいます。

　地位や社会的立場の高い人のなかには、自分のちょっとした一言がどういう波及効果を及ぼすかあまりわかっていないケースがあります。会議で何かアイディアが出たとき、権力構造の上の立場の人がなにげなく「それはないだろ」とつぶやいたら、それだけで即「却下」を意味してしまいます。いばっているつもりはなくても、椅子の座り姿勢だけで威圧感を与えてしまう人もいます。

　どこでもオンライン会議の機会が増えていると思いますが、その様子を録画しておいて、後から見てみるといいですよ。「自分は会議のとき、こんなふうに見えているんだな」と客観的に見直すことができます。

村中　自分が人からどう受けとめられているかを再認識することで、言動に注意を払うようにするのがセルフアウェアネスなんですね。

中原　もう一つ、管理職がかかりやすい病だと僕が思っているものの一つに「すべてをわかっていなければならない症候群」というのがあります。

上司である自分は、部下よりも優れていなければならない、と思っている人って少なくないんです。何でも知っていて、何でもスパッと判断できて、自信があって……そういう姿を思い描いている。だから、「わからない」などと言ったら、部下からバカにされるんじゃないか、部下がついてこなくなるんじゃないか、という不安がある。部下から何か言われることを嫌うのも、立場の下の人間の意見や指摘を聞くことは沽券《こけん》にかかわる、負けたことになっちゃうんじゃないか、みたいな思いがあるんです。そういった固定観念が自分を苦しめてしまっているところがあります。

村中　「すべてをわかっていなければならない症候群」は、自分を権力者側に固定しようとする心性とセットになっているように思います。それは職場の上司だけではなくて、教師にも、親にもあるかもしれません。「自分は○○なんだから、よくわかっているんだ。わかっていなければならないんだ」という思いが、「叱る」モードを強めることになっているように思えてきました。

中原　本当は、そんな囚われは捨てて、もっと自由になったほうがいいんですけどね。

独断型リーダーはいらない、みんなで「納得解」を探そう

中原　現代は先の見えない時代です。変動的（Volatility）で、不確実（Uncertainty）で、複雑（Complexity）で、曖昧《あいまい》（Ambiguity）なところから、「ＶＵＣＡ（ブーカ）の時代」ともいわれています。

それはどういうことかというと、「何が正解かわからなくなった」ということです。たとえば、ウクライナ情勢やパレスチナ情勢が３か月後、６か月後にどうなっているか、まったく読めないですよね。それを「たぶんこうなるだろう」と予測してサプライチェーンをこうしようなどと決めたところで、何によってどこで破綻《はたん》するかわからない。判断を間違える確率が格段に上がっているのです。

そうすると、リーダーは「すべてをわかっていなければならない」と思うこと自体にまったく意味がない。わかったような顔をしていないで、いろいろなエキスパートの人たちの話を聞いたりして情報を集め、多面的な予測をしていかなくてはいけない。

「本当にこの先どうなるかわからないよね、みんなで一緒に考えよう」と、情報を共有し、

意見を交換し、知恵を絞っていく姿勢が求められている、ということです。マネジメントのモードも変えていかなければならないわけです。

村中　そうですね、意識をシフトチェンジしていかなければいけない。

変化の激しい時代こそ、コレクティブ・インテリジェンス、日本語で言うと集合知が重視されるようになります。集合知というのは、似たような人間だけでは知としての価値が高まりません。どんなに優秀な人が集まっても、考え方が似たり寄ったりの人ばかりだったら、一人で出したアイディアとたいして変わらないですから、異なるものの見方や考え方が求められます。コグニティブダイバーシティ（認知的多様性）の確保が必要になる。柔軟に英知を集める姿勢がより大切になりますね。

中原　だから、「わかっていなければならない」「優れていなければならない」「強くなければならない」といった発想をやめて、もっと自由になったほうがいいんです。

もはや「俺についてこい」的なマッチョ型リーダーの時代じゃないです。現代のような社会では、みんなで一緒に考え、話し合うことで「納得解」を探していく、そういうリーダーシップに長けたリーダーが求められているんじゃないかと思います。

村中「納得解」というのはいいですね。先生も『話し合いの作法』（ＰＨＰビジネス新書）で書いておられましたが、私も何でも多数決で決めようとする傾向に異議があります。民主主義的なやり方のようにみなされていますが、公然と「少数派は切り捨てる」と言っていることでもありますから。話し合って、納得解を探していくという姿勢は非常に大切だと感じています。

中原　多数決も、きちんとやれば悪いシステムではないんです。ただ「決める」ということだけを意識しているのがよくないんですね。本当は、決をとる前と後のプロセスが大事。その前に、十分な話し合いをして、意見や考えの分かれ道はどこにあるのか、多数決で決まった後はどう進めるのかといったことを確認したうえで決をとらなきゃいけない。そこをきちんとやっていれば、多数決で決まったことでも納得解を見出していくことはできます。

村中　勉強になりました。子どもたちへの教育でもそういうことをもっときちんと伝えてあげたいですね。

意識のアップデートを怠らない

中原　ビジネスパーソンの人たちと話していて僕が感じているのは、「どの業界も仕事の質が大きく変わってきている」ということです。

誰もが知っているように、トヨタは日本を代表する自動車会社でした。しかし、いまは「クルマをつくる会社」から「モビリティカンパニー」へと移行しています。「モビリティ社会を創造する」と言われても、何をつくるのかよくわかりませんね。「えっ、街づくりも含むの?」みたいな感じで、どこを目指して何をする企業なのかよくわからない。

これはトヨタだけの話ではありません。かつて、商社は貿易をやり、ITメーカーはコンピュータをつくり、銀行はお金を動かすのが仕事でしたが、いまはどこも仕事が高度化、複雑化し、業界の垣根も溶けてきて、何をしている会社か曖昧でよくわからなくなっています。商社が新規事業を開発したり、銀行がコンサルをやったり、ITメーカーが車をつくっていたりする。まさにVUCAの時代です。

最近では「うちの会社、コンサルタント的な業務が増えているんですよ」という声を、いろいろな業界の人から聞きます。世の中の仕事が「オールコンサル化(課題解決)」に向かっているんじゃないか、というくらいです。

コンサルティングとは、一言でいえば「成果につながる課題解決の方法を論理的に考える」仕事です。何をやって利益を上げていくかを自分たちで考え、定義し、実践していく。

答えの見えない時代には、そういう柔軟な課題解決力が求められているということなんですよ。

村中　答えが決まっている時代は終わったからこそ、自分たちで課題を見出し、考えて、行動していくことが重要になっているんですね。

中原　そうです。だから、思考停止していてはいけないんです。旧来の「当たり前」とか「常識」なんてもはや通用しないと思わなければいけない。いつまでも古い価値観や過去の成功体験に固執していてはいけない。いまとこれからを生き抜いていくには、意識とスキルのアップデートを怠らないようにすることが必要です。

村中　時代の変化とともに、当たり前と思ってきたものの見方、考え方、やり方を見直して、どんどんアップデートしていかなければいけない、私も本当にそう思います。「叱る」ことを正当化するイリュージョンから脱却して、「叱る」ことには意味がない、むしろマイナスなんだということが、これからの新たな共通認識となってほしいという願いをこめて、私も皆さんに「叱ることから自由になろうよ」と声を大にして言いたいです。

対談を終えて

中原先生との対談で、「叱る」ことと「フィードバック」との違いの解像度が、私のなかで格段に高まったように感じました。対談のなかでも語られていたことではありますが、重要なテーマなのでここでもう一度整理したいと思います。

まずは、「叱る」ことと「フィードバック」との違いをおさらいします。「叱る」ことには、「(叱られる側の) ネガティブ感情の生起」と「(叱る側からの) コントロール」という二つの要素が含まれます。一方で、フィードバックは「現状通知」と「立て直し」という二つの要素で構成されています。このように整理すると、両者はまったく違うことだと一見うまく説明できているようにも思えます。ですが実際問題として、これらの違いが見分けにくくなる場合も多いでしょう。

一番の問題は「現状通知」によって、相手のネガティブ感情を引き起こす場合が多いことです。現状通知の本来的な意味は、鏡のように事実を伝えることです。そこには、相手のネガティブ感情を引き起こす意図は含まれていません。しかし、多くの人にとって現状を知らされることには、何らかの苦痛が伴います。物事がうまくいっていないときには、なおさらです。耳の痛い現実を聞かされて、平然としていられる人は多くありません。

現状通知を受けた人は、ネガティブ感情に充たされて脳の「防御システム」が活性化されるかもしれません。つまり、受け手の状態に注目すると、現状通知の段階までは「フィードバック」と「叱る」を区別することが難しい場合が多いということになります。違いは、現状通知の後にどのような対応をするかにかかっています。

重要な違いは、相手をコントロールしようとする意図があるか否かです。「叱る」という行為は、そもそも相手を自分の要求通りにコントロールしようとする行為です。それに対して、「フィードバック」は、それを受けた人が自分なりに考え、決定し問題解決していくためのサポートです。つまり、フィードバックが単なる叱責にならないようにするためには、相手をコントロールしないことが必須ということになります。

中原先生はそのことを「立て直し」と表現されました。現状通知のネガティブな感情を引きずらずに「気持ちを立て直し」、よりよい未来のための「計画の立て直し」をするということでしょう。

けれども、それはとても難しいことです。なぜならば、人間には自分の影響力を感じたいという自己効力感への欲求が存在していますので、知らず知らずのうちに相手を支配しコントロールしてしまっていた、という場合が少なくないからです。また仮に、フィードバックする側に相手をコントロールしようとする意図がなくても、受け手が「コントロールされている」と感じることもあり得るでしょう。

だから「フィードバック」においては、意図的に、そして明確にコントロールを手放す必要があります。まずは丁寧にネガティブ感情の立て直しをサポートし、防御モードを脱してもらわなくてはいけません。そうでないと、その人が自らを振り返り、しっかりと考えることができないからです。そしてそこから、言葉を慎重に選び、フィードバックを受ける人が自分の考えや意図にしたがって「自己決定」することを促す必要があります。

「あなたが決めることだよ」「私はあなたが考えるためのサポート役だから」、こういった声かけが有効になるでしょう。これらの要素をきちんと踏まえたフィードバックは、人材育成において必須の技術であるという、中原先生のお考えは本当にその通りだと私も思います。

このように整理すると、「叱らない人材育成」や「叱らない子育て」に関する、世の中の誤解を解くこともできるでしょう。「叱るを手放す」と聞いて、多くの人が最初に心配することは「自分勝手を許されたと誤解する」ことや、「わがままに育つ」ことなのではないでしょうか。

叱られる経験の少ない人は、なんでも自分の思い通りにならないと我慢できなくなる。そんなふうに考える人は少なくないでしょう。他にも、「打たれ弱い人になる」と心配する人もいるかもしれません。叱られたことのない人は、ほんの少しの失敗や注意でも挫《くじ》けてしまう心の弱い人になる。そう考えるのです。

しかしながら、それらの心配は「叱られなかった人」ではなく、「適切なフィードバックを受けられなかった人」に対するものということになるでしょう。たしかに、私たちは社会的な規範やルールの枠のなかで生活しています。明文化された規則以外にも、他者からの要望や期待に応えながら生きていくことも重要です。だからそれらを学び、身につけていく必要があります。

そのためには、自分自身の振る舞いの影響や、周囲からの要請を知ることが求められます。しかしそういった、社会のなかで生きていく力は、本来知性や理性の働きのなかで身につけていくものです。その意味で、「防御モード」によってコントロールする、「叱る」という手段はそもそも不向きなのです。

また「打たれ弱くなる」ことがあり得たとしたら、それはもしかしたら、いままで一度も鏡を見たことがない人がはじめて鏡で自分の顔を見てショックを受けることに似ているかもしれません。つまり、現状通知を受けたことがない人が、自分の実情を知ることへの抵抗やストレスを感じるということです。

このように整理すると、「叱らない人材育成」や、「叱らない子育て」は決して、必要なことを伝えないということではなく、むしろ積極的に「フィードバック」することが望ましいと言えるように思います。当然ながら、「立て直し」とセットであることが重要です。


「叱る」こと、つまりネガティブ感情を用いて他者をコントロールすることへの正しい理解や、適切なフィードバック技術の話は、個人レベルのみならず、組織や社会への影響も無視できません。

「パワハラは個人の行動ですが、結局は組織的課題なんです」

と中原先生はおっしゃっています。ここではパワハラを例に話されていますが、個人の行動パターンや価値観であったものが徐々にチームや組織全体に影響を与えるというご指摘は、「苦痛神話」や「修羅場イリュージョン」にも言えるでしょう。人は苦痛を与えることで学び成長する、もしくは修羅場をくぐることで一皮むける。そんな価値観が優勢なコミュニティにおいては、〈叱る依存〉やパワハラを根絶することは難しいように思うのです。

そしてこの影響は組織だけにとどまらず、この国全体にも影響を及ぼす社会の病としての顔ももつように思います。叱ることへの過信を疑わず、苦しみを与えることで人は変わる、成長するという価値観が主流の社会は、社会制度そのものが人に苦しみを与えるようなものになるでしょう。その先に待っているのは、「どうせ何も変わらない」「何をしても無駄」という集団的な学習性無力感なのかもしれません。

　だから私たちは、単純に個人として価値観や行動を変えるだけでなく、社会の風向きまで変えていく必要があるのではないでしょうか。

第4章

「理不尽な叱責に耐える指導」に潜む罠

大山加奈 × 村中直人

Ooyama Kana ／ Muranaka Naoto

【大山加奈　おおやま・かな】　元女子バレーボール日本代表。

1984年、東京都江戸川区生まれ。小学校2年生からバレーボールを始め、小中高すべての年代で全国制覇を経験。高校卒業後は東レアローズ女子バレーボール部に入部。日本代表には高校在学中の2001年に初選出され、オリンピック・世界選手権・ワールドカップと三大大会すべての試合に出場。力強いスパイクを武器に「パワフルカナ」の愛称で親しまれ、日本を代表するプレーヤーとして活躍した。

2010年6月に現役を引退し、2021年に不妊治療を経て双子の女の子を出産。現在は全国での講演活動やバレーボール教室、解説、メディア出演など多方面で活躍しながら、バレーボールを通してより多くの子どもたちに笑顔を届けたいと活動中。

私は趣味と呼べるものがそう多くないのですが、スポーツの国際試合の観戦が好きで、そのなかでもバレーボールはとくに好きな種目の一つです。テレビ放送があるときはできる限りリアルタイムで見て、それが難しい場合は必ず録画するくらいずっと注目してきました。

だからもちろん、大山加奈さんが栗原恵さんと鮮烈に全日本デビューし、「メグカナ」コンビとして世間の注目を集めたことも鮮明に覚えています。同時に、その期待の大きさに比べて大山さんの現役時代が短く終わったことも、ずっと気になっていました。

それから何年もたった後で、再び大山さんのお名前を目にしたのは、同じく元全日本代表である益子直美《ますこなおみ》さんとの対談記事（「バレーボール大山加奈が苦しむ〝後遺症〟の過酷」東洋経済ONLINE）でした。そこではじめて、早すぎる引退の背景に重いスポーツ障害があったことや、ご自身の体験から子どもたちへの情報発信の活動をされていることなどを知りました。

さまざまな経験をされた後に、スポーツ界を変えていこうと活動されている大山さんが、〈叱る依存〉についてどんなことを感じ、何を語られるのか。それを知りたくて、対談を依頼させていただきました。対談は、バレーボールファンにはたまらない裏話も聞くことができ、また大山さんの真摯《しんし》な想いに触発されるとても素敵な時間となりました。

スポーツに必要な「厳しさ」とは何なのか

村中　いま、社会全体で「ハラスメントを防止しよう」「暴力や暴言はいけない」という流れが進んでいますが、スポーツ界にはまだまだ不適切な指導が横行しているように思われます。日本スポーツ協会が設置した暴力パワハラ問題の窓口（「スポーツにおける暴力行為等相談窓口」）への相談傾向を見ると、体罰などのはっきりした暴力は減っている一方、暴言や差別、無視、罰走などが増加しています。ある種、やり方が陰湿化しているとも言えますね。

問題視されながらも、スポーツにおける不適切な指導はなぜ一向になくならないのか。

その背景に、「つらい思いをしないと強くなれない」という強固な思い込みがあるからではないかと私は思っています。ご自身の経験を振り返ってみて、大山さんはどう思われますか？

大山　おっしゃる通りだと思います。私自身も、「勝つためには厳しい練習を積んで、苦しい思い、つらい思いをしなければいけないんだ」と思い込んでいました。いまはだいぶ考え方が変わりましたけど。

村中　「苦しさに耐えることで強くなるんだ」とか「苦しさを乗り越えなくては成長できない」と思ってしまうことを、私は「苦痛神話」と呼んでいます。これってバイアス（思考や行動の偏り）なんですが、人間の心にけっこう根深く刷り込まれているんです。とくにスポーツの場合は、「厳しさ」と「苦痛」とが結びついてしまいやすい傾向がありませんか？

大山　ありますね。大先輩である益子直美さんと対談させていただいたときに、益子さんも現役当時は「『厳しさ＝苦しみ』だと思っていた」とおっしゃっていました。けれど、あるとき「強くなるのに、苦しみって本当に必要？」と思うようになったと。そこからいろいろ勉強されて、「理不尽に苦しみを与える指導が厳しい指導ではない」と考えるようになったことが、小学生を対象にした「監督が怒ってはいけない大会　益子直美カップ」を始めるきっかけになったそうなんです。

村中　益子さんのあの取り組みはいいですよね。怒声を発する監督は、大きな×のついたマスクをつけられ、注意喚起される。怒鳴ったり叱ったりしてネガティブ感情を抱かせてやらせることが上達に必要な「厳しさ」なのかというと、それは絶対に違います。ところが、それを厳しい指導なのだと思ってしまっている人がとても多いように思うのです。

大山　私もいろいろなところに出向いてバレーボール教室をやらせていただいていますが、

指導する際、声を荒らげるようなことは一切しないんです。必要ないと思っているので。すると、指導者の方から「もっと厳しくやってください」と言われてしまうことがあります。けっして甘いこと、ラクなことをしているわけではないんですが、雰囲気が和やかで子どもたちが楽しそうにやっていると、厳しくないと思われがちです。

村中　怖がらせたり苦しませたりしなくても、要求水準を高く保ってレベルの高い指導をすることはできますからね。

大山　そうなんです。ちょっと難しめの課題を出してチャレンジしてもらうと、みんな「できるようになりたい」とすごい集中力で真剣に練習します。うまくなるためには、そういう状態に入ること、そういう環境こそが大事だと思うんですけどね。

村中　怒鳴ったり叱ったりきついことを強要したりして「苦しい状況に追い込む」ことと、「厳しさ」とを切り分けて捉えることは、不適切指導からの脱却のために大事なヒントですよね。本当の厳しさとは何なのか――この認識がもっときちんと広まると、スポーツ指導だけでなく、教育の現場、家庭での子育て、会社で部下を育てるときなど、この国のいろんな問題が変わっていくのではないかと私は思っています。

大山　私もそう思いますね。

怒る指導の弊害

村中　怒られたり、暴言や暴力などを浴びせられたりすると、強いネガティブ感情が湧きます。この危機的状況を回避しようと、脳は「防御（ディフェンス）モード」に入ります。身を守るためには、戦うにしても逃げるにしても瞬時に行動しなくてはいけない。だから、脳が防御モードになると行動が早くなるんです。

ところが、叱る側はそれを「ほら、きつく言ったら変わったじゃないか」「こうやって叱ることは効果的だ、即効性がある」と誤解してしまいます。実際には、身の危険を感じて「反応」しているだけで、本質的に変わったり成長したりしているわけではないんですけれども。

大山　ああ、実感的にわかります。怒られると、たしかにその後の行動が早くなります。だけど、思考停止してしまいますよね。

村中　そうなんですよ。即座に反応することはできますが、自分で考えなくなります。じっくり思考を働かせることや、主体的・自律的に行動することができなくなるのです。怒られないようにするには、言われた通りにやるのが一番安全なわけですから。

大山　私も経験がありますが、言われたことをやっていればいいので、受動的になります。「また怒られるんじゃないか」といつも恐怖を感じていて、「怒られないようにすること」ばかり意識するので、チャレンジすることを怖れるようになります。「どうしたらいいか」を自分で考えなくなります。

村中　そうなんです。はたしてそれが選手としていいことかどうか。スポーツ選手は、その場その場の状況に即して、「ここでどういう選択をするべきか」「どうすればいまの流れを切り替えて有利な状況にもっていけるか」といったことを、主体的に判断して動かなくてはいけない。それができるのが優れた選手の条件になるはずなんですが、怒られてばかりいる環境では、その能力が磨かれていきません。

大山　練習というのは、単に技術を磨くだけでなく、そういう能力をつけていくためのものでもあります。普段から、自分たちで突破すべき課題を設定して、どうすればクリアできるかを考えるという主体性がとても大事だと思います。

ただ、それって難しいんですよね。怒られて、監督に言われたままにやっているほうが、ある意味ラクなんです。

村中　前に為末大《ためすえだい》さんとお話しする機会があって、そのときに印象深かったのが、「たぶん小中高ぐらいまでだったら、叱る指導で勝てちゃうだろうけど、叱る指導を受けていた選手の中から、オリンピックで金メダルを獲る選手は出てこないだろう」という言葉なんです。

指導者が自分の思う通りにやらせる指導法でも、そこそこ強くはなれるかもしれない。だけど、本当にトップレベルで活躍できる選手に育つかどうか、その鍵を握るのが「主体的に考える力」が身についているか、ということなんだろうな、とそのとき思ったんですよ。

大山　私の恩師は、まさにいまのお話にあったような、主体的・自律的に自分たちで考えさせる指導をする監督でした。私は中学から成徳学園に進み、高校も成徳学園（現・下北沢成徳）高校なんですが、高校時代のバレー部監督・小川良樹先生がそうだったんです。

怒らない指導者が教えてくれたこと

大山　バレーボールの場合、数チームが同じアリーナに集まって練習試合をしたりするんですが、もうあちこちで怒声が響きわたっていました。どれだけ厳しくしているか、マウントを取り合うような感じがあったんです。

村中　激しく叱っているほど指導力があるかのような価値観が、バレーボール界全体にあったということですか？

大山　はい。しかも、怒鳴るだけでなく、監督がコートのなかに入ってきて選手を叩いたり蹴ったりするようなことが、けっこう行われていました。そんななか、小川先生は選手をまったく怒らないで、静かに見守っているんです。

村中　見守っているだけ。具体的にはどんなふうに指導をされていたんですか？

大山　「こうしろ」という命令的な指示をせず、「どうしたらいいと思うか？」と問いかけて、私たちに考えさせるんです。自分で判断する力を養わせようとしてくれていたのだと思います。また、規則で選手を縛りつけず、いろいろ自由にさせてくれました。長時間練習もしないし、週に１、２日は練習が休みの日もありました。そのため周りからは、「あんな甘いことをしているチームが勝てるわけない」とよく言われていました。

だけど、どうすれば勝てるかを自分たちで主体性をもって考える、高みを目指すためには何をすればいいかを考えるって、高校生にはすごく大変でした。当時は、「先生怒ってよ、怒って『こうしろ！』と言ってくれたほうがラクだよ」と思うこともありましたね。

村中　小川先生は、最初からずっと怒らない指導をしていらしたんですか？

大山　いいえ、若いころはやっぱりガンガン叱咤《しった》してスパルタ式の指導をしていたらしいです。しかし、退部者が後を絶たなかったり、部員たちが引退する日を心待ちにしている姿を目にしたりして、指導法に疑問をもつようになったそうです。他の強豪校と同じことをしていてはダメだと思うようになって、発想を切り替えることにしたと聞きました。

あと、小中学生時代から全国大会を経験している選手が入ってくるようになったことが大きい、という話も聞きました。私と同じ学年に荒木絵里香がいて、二つ下には木村沙織がいたんです。

村中　えっ、大山さん、荒木さん、さらに木村さんがいたんですか！　すごいチームですね。

大山　荒木は高校から、木村は中学から一緒です。ただ、荒木も中学生時代からバレーボール協会の有望選手合宿などで顔を合わせたりしていましたが。小川先生は「将来を期待されている選手たちを潰すわけにはいかない、バレーボールを嫌いにさせずに卒業させなきゃいけない」と思ったんだとおっしゃっていました。

村中　なるほど。だから、きちんと休みの日を設けるとか、無理な練習はさせないとか、体のコンディションに配慮した練習メニューを考えていらしたんですね。

大山　そうだと思います。それぞれに合ったトレーニングで体づくりができるようにしてくれていましたし、一人ひとりのことをとてもよく理解してくれていました。

村中　強豪チームとしては勝たなければいけないけれども、同時に、将来有望な選手たちをどう育てるのがいいのか、中長期的に見据えた指導をされていたんですね。いい指導者ですね。

大山　はい。だから私たちも、「甘い指導だ」などという言葉をはねのけて絶対に勝たなくちゃ、という気持ちになりました。結果として、インターハイ、国体、春高バレーの三冠を獲得することができたんです。

小川先生は２０２３年３月に監督を勇退されましたけど、全国制覇12回、Ｖリーグに30人以上の選手を送り出しています。先生のおかげで、ずっとバレーボールを好きでいつづけられて、長くつづけている人が多いんです。ですから、これからは私たちが先生のマインドを受け継いで、いろいろなかたちで次代につないでいけたらいいな、と思うんですよね。

村中　いい話ですねぇ。

トップアスリート時代の苦悩

村中　いま、高校時代に三冠獲得というお話が出ましたが、大山さんは女子バレー界のホープとして高校生のときに日本代表入りしていますよね。そして世界選手権、ワールドカップ、アテネオリンピック出場。輝かしい経歴ですね。

大山　子ども時代からずっと、日本一になることを目標にバレーボールをやっていました。小学生のときから夢だったオリンピックにも出場できましたし、とても恵まれていたと思っています。ただ、代表選手になってからは苦しいことが多くて、だんだんバレーボールを楽しめなくなってしまいました。

村中　当時の女子代表チームの練習は、どのようなものだったのでしょうか？

大山　代表合宿の練習は、私が中高生時代に受けてきた指導や練習の仕方とは真逆で、「どうしてこんなに怒られるの？」「この練習、何の意味があるの？」と戸惑うことの連続でした。とにかくめちゃくちゃ怒られるし、言われたことをひたすらやらないといけない。ワンマンレシーブといって、打たれたボールをレシーブしつづける練習があったんですが、私は慢性的な腰痛、膝痛を抱えていたので、これがとくに苦手で。毎回、泣きながらこなしているような状態でした。

村中　日本のトップ選手を集めた代表チームでも、そんな体罰レベルのような練習が行われていたんですか。驚きですね。

大山さんがバレーボールを楽しくやれていたのは何歳くらいまででしたか？

大山　19歳でワールドカップに出場できたときは楽しかったですが、そこぐらいまでです。

村中　その当時と言えば、大山さんと栗原恵さんが「メグカナ」と呼ばれて、大変な人気を博していましたよね。

大山　あれも苦しかったです。代表チームにはすごい選手が大勢いるのに、一番後輩の自分たちばかりが注目を浴び、メディアで盛んに取り上げられるという状況がものすごく嫌でした。メグと私は仲がよかったんですが、一緒にいるとカメラに追いかけられてしまうので、あえて離れていたりしました。

村中　巷《ちまた》の熱狂の裏で、ご本人は苦悩を抱えておられたんですね。

大山　練習では「下手くそ！」と怒られてばかりいる一方で、メディアには「期待している」と監督が言っているのをテレビで見て知って、複雑な思いを抱えたりもしていました。

そういうなかで、私は心のバランスを崩すようになってしまったんです。まず、眠れなくなりました。さらに、突然めまいや激しい動悸《どうき》が起きるようになり、ひどいときには目の前が真っ暗になって倒れるまでになってしまったんです。ドクターから睡眠導入剤や精神安定剤を処方してもらって服用するようになりました。

いまでこそアスリートも心の不調を公《おおやけ》にできるようになってきましたが、当時は「アスリートは強いもの」「けっして弱音を吐くな」という固定観念がありましたから、心の不調なんて誰にも言えません。怒られつづけて自信をなくし、自己肯定感も失っていながら、表向きは「強いアスリート像」を演じなければいけなかったのはとても苦しかったですね。

アテネオリンピックの前には、「このままでは自分が壊れる」と思って、合宿所から逃げ出そうとしたこともあったんですよ。

村中　子どものころからの念願だったオリンピック出場を目前にしてですか？　そこまで精神的に追い詰められてしまった……。

大山　逃げる前に伝えておこうと思って、小川先生と両親にだけ胸のうちを明かしたんです。そのときにかけてもらった言葉のおかげで、踏みとどまることができました。

村中　小川先生はどんなことを言ってくれたんですか？

大山「加奈はスポーツ選手に向いてないんだから、やめたかったらやめていいよ」と。私が内気な性格で、代表の座をめぐって人と争うことに不向きなことを理解してくれていたんです。母からは「バレーはそんなつらい思いをしてまでやるものじゃないよ。帰っておいで」と。自分のことをちゃんとわかってくれていて、受けとめてくれる人がいると思えたことで、逆にがんばり抜こうという意欲が湧いたんです。

村中　ありのままの自分を認めてくれる場があることが確認できて、救いになったのでしょうね。

大山　そうかもしれません。監督は怖かったですが、感謝の念も強くあるんです。「もし当時の監督じゃなければ、私は代表に選ばれていなかったかもしれない」「オリンピックに行けていなかったかもしれない」という気持ちがあるので。選んでもらった、オリンピックに連れて行ってもらったという感謝の気持ちがすごくあるんですよ。

村中　スポーツ指導者には、選手として選ぶ、試合に登用するといった権力もあるだけに、選手側としてはそういう思いも湧くわけですね。難しいなあ。

スポーツが「人生を豊かにするもの」であってほしい

大山　私が苦しかったのは、健康問題もありました。「スポーツ障害」ってご存じですか？

村中　詳しくは知らないですが、確かまだ身体が十分にできあがっていない子どもに過度な負担をかけつづけることで起こる、慢性的な故障のことですよね。

大山　はい。小学生のときから腰痛や膝痛があって、整骨院で電気をかけてもらうような状態でした。中高生時代は腰痛防止のためにトレーニングで筋力をつけたりしていましたが、高校2年生のときに日本代表に選ばれると、代表チームの長時間練習もあって悪化してしまい、腰痛だけでなく足のしびれも出るようになりました。椎間板《ついかんばん》ヘルニアが判明したんです。

　体を真っすぐ起こせないほどひどくなってしまったのは24歳のときです。脊柱管狭窄《せきちゅうかんきょうさく》症《しょう》と診断され、手術を受けました。代表選手としても、Vリーグでも活躍できなくなって、「自分はもう必要とされないんじゃないか」という不安が募り、それが心の不調を強めていたところもあったのだと思います。

　懸命にリハビリして復帰したものの、思うようにプレーができる状態には回復せず、26歳で現役生活にピリオドを打つことになりました。だから、腰の故障のせいで、大好きなバレーボール人生を全うできなかった、という後悔があるんです。

村中　大山さんがスポーツ指導のあり方や選手のメンタルヘルスについて積極的に発言したり、発信されたりしているのは、そういったご自身の経験、心身のトラブルを踏まえてのものだったんですね。

大山　自分が苦しい思いをしたからこそ、子どもたちには同じような思いをしてほしくない、という思いが強くあります。スポーツの思い出が、その人にとって暗い影を落とすものになってしまうのは避けたい。スポーツが「幸せにつながるもの」「人生を豊かにするもの」であってほしいんです。

そういう気持ちで、私のいろんな経験を赤裸々に伝えていくことを覚悟して、いまに至ります。経験者の私だから伝えられることを言葉にすることで、不幸なかたちでスポーツから離れていく子どもたちを減らしたい、なくしたい、その力になりたいと思っているんです。

村中　おそらくいろいろなスポーツで、大山さんと同じような切ない経験をしてきた人、あるいはいま現在、痛みや心の葛藤に耐えてプレーをしている人たちがたくさんいるだろうと思います。スポーツとは本来、健康的な心身を育むためのものです。それが、将来的な健康や幸せを阻害するようなことになってしまっては、元も子もありません。

スポーツ障害について言えば、成長期の体の状態を配慮せずに過度に負担のかかることをやらせるのは、やはり「勝利至上主義」の弊害じゃないかと思うんですよ。

大山　そうですね、指導者だけでなく、保護者も含めて大人たちが過熱しすぎることで起きているという面も少なからずあるように感じます。

村中　スポーツにおいて、勝つことを意識するのは当然のことだと思います。けれども、勝つことだけにこだわりすぎてしまうと、「勝利のためだから、このくらいはいいだろう」ということになっていき、その「このくらい」が適切な範囲を超え、行きすぎた指導へとつながっていきます。「勝利」というご褒美が甘美であるがゆえに、それを強く求めてしまうようになるわけですね。

学校の部活動であろうと、地域の子どもスポーツチームであろうと、全日本の代表チームであろうと、選手の心身の健康を犠牲にしてまで勝利を追い求めるようなものであってはいけないと思うんです。

大山　本当にその通りだと思います。勝つことも大事ですが、けっしてそれだけがスポーツの価値ではありませんから。子どもたちには、笑顔でスポーツに親しんでほしいですし、やっているスポーツを「ずっと好きでいてほしい」と心から思いますね。

村中　先ほどの小川先生のお話のなかに、「将来を期待されている選手たちを潰すわけにはいかないと思った」という言葉がありましたが、そういう目で選手のことを考えられるのがよい指導者だと思いますよ。「勝つ＝よい結果を出す」という視点でしか考えられず、選手の健康への配慮が二の次になってしまうような指導者は、どんなに強いチームをつくれたとしても、「人を育てる」立場として不適切です。指導者は、スポーツの目的を誤ってはいけないと思います。

スポーツとの向き合い方

大山　目標と目的をはっきり区別することって大事ですよね。先ほど私は「バレーボール人生を全うできなかった」と言いましたが、現役時代の私は「目標」しかもっていなくて、「何のためにバレーボールをやっているのか」という目的を見失っていた、という反省があります。そのことを気づかせてくれたのが、荒木絵里香の存在なんです。

荒木とは高校の同期だと言いましたが、卒業後、私たちは一緒にＶリーグの東レアローズに入団し、社会人としても一緒にプレーをしていました。荒木はアテネ五輪のときには代表選手にはなれませんでしたが、北京、ロンドン、リオ、東京と、オリンピックに４大会連続出場し、ロンドンでは主将を務めて銅メダルを獲っています。結婚して出産を経て復帰というのも、日本選手としてはまだ少ないなかで実践していますし、Ｖリーグの最高通算出場セット記録も残しています。私とは対照的に、とても息の長い選手になりました。東京オリンピックが終わって引退、その後に指導者を目指して大学院で勉強し、卒業しました。

村中　大山さんが子ども時代から全国制覇を成し遂げ、10代で代表選手に選出されるような早熟型プレーヤーだったのに対して、荒木さんは20代以降長く活躍しつづけた晩成型プレーヤーだったんですね。

大山　そういう言い方もできるかもしれませんが、荒木の選手生命が長かったのにはちゃんと必然性があったんだ、と私は思っています。私も荒木も小学生のときにバレーボールを始めているんですが、私がバレー一筋で、休みの日は朝から晩まで練習していたのに対して、荒木はご両親の「本格的にスポーツ中心の生活を送るのは高校からでいい」という方針によって、小中学校時代は水泳をやったり陸上をやったり、いろいろなスポーツをやっていたんです。高校に入るまで、「バレーで日本一になる」ということを考えたこともなく、のびのびと育ってきたのです。

村中　荒木さんが長く現役生活をつづけられたのは、子ども時代のそういった育ち方の影響が大きい、中学生のうちから全国大会で優勝するといったことよりも、むしろ子ども時代はのびのびといろいろなことに挑戦したりするほうがいい、と考えておられるのですね。

大山　はい。荒木は、30歳過ぎてからも「ほんとにバレーボールが楽しい」「まだまだうまくなれる」とよく言っていました。引退するときには、「バレーボールを味わい尽くせた」とも言っていたんですね。私からすると、本当に理想的なバレーボール人生を送っています。そういう姿をずっと見てきて、トップアスリートを目指して幼少期から取り組むにしても、「小学生のうちから日本一を目指す必要が本当にあるだろうか？」と思うようになりました。

振り返ってみると、私は「日本一になる」という目標はつねにもっていましたが、「何のためにバレーボールをやるのか」という目的をあまり考えていなかったんですよ。バレーボールを心から楽しむこと、バレーボールを通して人生を豊かにしていくことをきちんと目的としてもてていたら、ひょっとしたら心と体の両方を壊してしまうようなことはなかったかもしれないな、とも思います。そういう私自身の反省も含めて、スポーツの目標と目的を混同させてはいけない、といろいろなところで言っています。

村中　いまのお話、ジーンときました。お二人のバレーボール人生のありようが、濃密な人生ドラマを垣間《かいま》見せていただいたような感じで、心に沁みました。「何のためにやっているのか」と考えることは、「どれだけ楽しむことができるか」に通じるのかもしれませんね。

上達の原動力になるのは「もっとやりたい」気持ち

大山　スポーツって、最初はみんな「やりたい」と思って始めるわけですよね。ところが、部活などが典型ですが、いつのまにか「やらされる」状態になってしまっています。それがよくわかるのが、「明日は練習休みだよ」と言われて「やったー！」と喜ぶ子が多いことです。休みになるのがうれしいというのは、あまりやりたくないことをやらされているからですよね。そうではなくて、休みだと言われたら、「えーっ、やりたいのに」という反応が返ってくるような環境にしたいと私は思うんです。

ですから、バレー教室をやっていて、「じゃあ、これ、最後の練習ね」と言ったときに、「えーっ、もう終わり!?」「もっとやりたーい」という声が多く出ると、「よし！」という気持ちになります。楽しくて有意義な時間を提供できたかな、と思えるので。「もっと、もっと」という気持ちが湧くって大事ですよね。「もっとやりたい」という状況が、うまくなったり成長したりするための一番の力になりますから。

村中「もっとやりたい」という意欲が湧く脳の状態を、私は「冒険モード」と呼んでいます。

冒険モードは、脳からドーパミンが出ることで、ワクワクしながら主体的にやりたくなる状態です。探求心が湧いて「楽しい、面白い」と感じて取り組んでいるため、難しいことをやっていても苦しい表情にはなりません。人に「学び」や「成長」をもたらすのは、この冒険モードにあるときなんですよね。ですから、そういう状態にもっていけるのは、指導者としてはとても大切なことだと思います。

大山　やっぱりそうなんですね、よかった、間違っていなかった！

村中　しかも冒険モードのときには、「状況に応じて自分を自律的にコントロールする力」も磨かれます。やりたいと思うことだからこそ、パフォーマンスを高めるために何が必要かを自分で考えるわけですよね。そうなると、たとえば、休息の大切さに気づきやすくなりますし、自分に対するケアのコツもつかみやすくなるんです。

ところが、やらされているとき、「怒られたくないからやらなきゃ」という防御モードでやっているときには、思考停止した状態でただ義務的にやっています。この練習は何のためになるのかという意味を考えてやっていませんから、練習をこなすこと自体が目的になってしまいます。休むことを自己決定することもできないので、自分がどのくらい疲れているといった感覚を自覚することも難しいでしょう。

ですから、冒険モードで楽しんでやっている状態を多くつくれる指導者こそ、評価されなくてはいけないと思いますよ。
大山 そうですね、指導者に対する評価が結果重視、つまり「勝てるかどうか」ばかりに焦点が当たってしまうところに問題があるんですよね。

勝ちにこだわる大人たちの意識を変えなくては

村中 最近、子どものスポーツにおける「勝利至上主義」を見直そうという動きが広まってきていますね。柔道では、小学生の全国大会が一部廃止されることになりました。大山さんは子どもの全国大会はどうあるのが望ましいと思われますか？
大山 日本の現状として、「勝つ」ことに意識が向きすぎていると感じています。この問題で変わらなければいけないのは、大人たちなんです。子どもたちが「勝ちたい」と思い、そのためにがんばろうとすることがよくないわけではありません。指導者や保護者の「勝たせたい」という意識が強すぎて、子どもたちに無理をさせたり、精神的に追い込んでしまったりすることがよくないんです。

村中　大会の仕組みをつくっているのも、指導しているのも、過度に勝利をあおっているのも、すべて大人がやっていることですからね。

大山　そうです。指導者や保護者の意識が変わるのであれば、あってもいいと思うんです。でも、なかなか変わらない状況下で考えるなら、小中学生のトーナメント制の全国大会はやめたほうがいいのかな、と思います。トーナメントだと、どうしても一発勝負の結果重視になってしまいますから。

代わりに、地域でのリーグ戦を行うとか。野球、サッカーなどでは取り入れられるようになっていると聞きました。「一試合負けたら終わり」でなくなれば、結果だけにこだわる状況から脱することができ、試合の展開だとか、負けたあとにチームをどう立て直して次の試合で挽回するかとか、経過に目が向きやすくなるんじゃないでしょうか。

日本一を決めるような全国大会は、高校からでいいような気がします。

村中　大山さんが、荒木さんとの子ども時代の違いでおっしゃったこと、小学生のころからバレーボールだけに打ち込んでいたのと、いろいろなスポーツを経験してきたのとの違いというのも、ヒントになりませんか？

大山　それは絶対にあります。いろいろなスポーツを通してバランスよく体を動かすなかで、それぞれの競技の特性を知ったり、自分の向き不向きを知ったりすることは大事だと思います。荒木も、他のスポーツを知ったうえで「やっぱりバレーをやりたい」と思うようになったわけで、自分のなかの「やりたい」気持ちがより明確になりますよね。

村中　いい指導者との出会いも重要ですが、それ以前に、親がどういう姿勢でスポーツと触れさせるのかというところが大きいと言えそうですね。「子どもをスポーツ選手にしたい」と考え、スポーツの英才教育を施そうとするケースも多いんじゃないかと思うんですが、それが子どもを追い詰めてしまうこともありますよね。

大山　ええ、子ども時代から脚光を浴び、成長してからもトップアスリートとして活躍できている選手というのは、本当にまれです。多くの場合、途中でバーンアウトしてしまったりして、消えていきます。ジュニア時代に、勝つことに特化した、抑えつけられた指導をされてきているのが一番の原因じゃないかと私は思っています。また、いまおっしゃったように、親からの圧力に苦しんで潰れてしまう選手も少なくありません。

村中　大山さんみたいに、小中学校時代に全国制覇して金の卵と有望視されても、実際に代表チームで活躍できるような選手に育つ確率はすごく低いということですか?

大山　低いと思います。高校生くらいになるとまた違って、高校時代に活躍した選手が代表に入ることはよくありますけど。

村中　トップアスリートはどういう環境で育ってきた人が多いのか、興味が湧きます。親はどういうスタンスで関わってきたのか、どんな指導を受けてきたのか、といったデータがあったら見てみたいです。

大山　私の周りにいるトップアスリートの話を聞いていると、親御さんはあまり口出しせず、やりたいと言ったことをサポートしてくれた、というケースが多い感じです。でも、実際にこのデータを取れたら面白そうですね。

村中　そのリサーチをされるときには、ぜひ「怒る指導をどのくらい受けてきたか」という質問項目も入れていただきたいです。「怒ってはダメ」「威圧的にやらせる指導に効果はない」と何百回言うよりも、実際にトップアスリートの人たちがどういう指導を受けて育ってきたか、というデータを提示できるほうが説得力がありますからね。

指導者支配型のスポーツ環境を変えていくには？

村中　日本のスポーツ指導における最大の問題点は、やっぱり指導者と選手との間に強い支配関係、権力関係があることだと思うんです。権力構造を一気になくすことは難しくても、仕組みを工夫することで「権力勾配をゆるやかにしていく」ことはできます。たとえば、監督やコーチは試合会場に入れません、というルールを設ける、というようなことです。

大山 ラグビーってそうですよね、試合のときに監督がベンチに入れない。あれ、すごくいいルールだなと思うんですよ。

村中 そういえばそうですね。ラグビーの監督はベンチに入らず、スタンドにいますね。

大山 ビーチバレーも、監督やコーチはベンチに入れないというルールがあります。

村中 そんなふうに、試合中に指導者は口出しできない仕組みになっていれば、どう戦ったらいいかを選手たちが自分で考えなければいけなくなります。そうなると、指導の仕方も「言ったことをやらせる」ことから、「自分で考える」やり方へと変わらざるを得なくなりますね。

大山 すべてのスポーツはそうすべきなんじゃないかと思いますね。それから、指導者が、勝つこと以外の基準で評価されるような仕組みというのもあるといいですよね。

村中 ああ、いいですね。子どもたちを冒険モードにしながら、「え〜、今日練習ないの？つまんない。やりたかったのに」と子どもたちに言われながら育成しているような人が、経済的にも社会的にもプラスのフィードバックが受けられるような仕組みがあると、そういう指導にもっと意識が向きやすくなると思います。

特定の人間に権力が集中してしまうのを避ける方法として、3、4チームぐらいの間でコーチが順繰りで交代するような取り組みがあってもいいかもしれないですね。全国大会制覇を目指すようなチームでは難しいでしょうけど、楽しむためのスポーツ指導だったらあり得るんじゃないですかね。それこそ、公立中学校の部活動の外部委託が始まりましたが、そういう場であれば可能でしょう。指導者が1、2か月単位ぐらいで交代して、「あのコーチのときは楽しくできた」とか「あのコーチのおかげで、苦手だったスポーツが好きになれた」と子どもたちが言えるような感じになると、指導のあり方にもっと変化が出てくる気がします。

大山　スポーツ指導の場で、子どもたちと接する大人が増えるのはとてもいいことですね。子どもたちの世界ってすごく狭くて、担任の先生にしても、部活の顧問にしてもそうですが、日常的に深く関わっている大人が、絶対的な存在になりやすいんです。そういう意味でも、いろいろな大人と接する機会を得られることって大事だと思います。

あとは、指導者が自分の経験則にとらわれないことも大切です。そのときどきで「いい」

といわれているやり方を学びつづけて、アップデートしていかなければいけないですよね。

村中　たしかに、実績と経験のある指導者ほど、「自分はこのやり方で強い選手を育ててきたんだ」と過去のやり方に固執してしまいやすいかもしれません。

大山　私は子どもたちと接する活動を始めるようになったときに、まずはいまの指導法についてしっかり学ばなくてはと思って勉強し、日本スポーツ協会公認指導者資格バレーボールコーチ3、NESTAキッズコーディネーショントレーナーといった資格を取りました。

ハラスメント問題など、社会的に強く求められるようになっている知識もありますし、科学の進歩によって効果があること、ないことなども新しいことがわかってきて、指導の常識もどんどん変わっています。学びを止めない柔軟な姿勢が必要だと、つねに自分に言い聞かせています。

村中　学びつづけようとすることが、リテラシーを高めることにつながりますからね。

大山　それと、これは指導者だけでなく保護者の方にもお願いしたいことですが、子どもが本格的にスポーツをやることになったときに、そのスポーツだけにすべての時間を注ぐのではなく、家族や友人と一緒に過ごすとか、勉強とか、趣味など他の好きなことをやる、といった時間をきちんとつくってあげてほしいんです。

そうすることで、ケガや故障をはじめ精神的に追い詰められるようなつらいことが起きたときにも、「これだけが人生のすべてじゃないんだ」と思うことができて、バーンアウトしてしまうことの歯止めになると思うからです。

村中　まったくもって同感です。

ネットバッシング、見知らぬ誰かから「叩かれる」こと

村中　プライベートなことに踏み込んでいいのかちょっと迷いましたが、〈叱る依存〉という今回のテーマと深く関係することなのでお伺いします。大山さんがSNSに投稿された内容をめぐり、ネットバッシングを受けてしまった状況がありましたね。

大山　はい、あんな展開になってしまうとは思いもよりませんでした。

村中　双子のお子さんたちを二人用ベビーカーに乗せて外出した際、バスを利用するのがとても大変だったことなどを嘆いた投稿でした。共感や同情のコメントもありましたが、それ以上に非難や批判のコメントがたくさん寄せられて「炎上」してしまった。

大山　SNSで叩かれるってこういうことなのか、と痛感しました。お叱りの言葉、非難の

言葉をたくさん浴びつづけていると、なんだか世の中のすべての人が私に批判的な目を向けているように思えてきて、外に出るのがすっかり怖くなってしまいました。子どもたちを連れて外出を再開できるようになるまで、しばらく時間がかかりました。

村中　人間は生来的に、「過ちを犯した人に罰を与えたい」という欲求をもっていることが科学的に確認されています。「自分は正しい、相手は間違っている、だから言ってきかせないといけない」という処罰感情の正当化が、「叱る」という行為になるわけです。自分の欲求を充たせると気持ちよくなります。

従来の社会では、叱ったり怒ったりする相手は、家庭、学校、職場など直接関わりをもつ周囲の人だったんですが、情報化社会の中でSNSが広まったことで、実生活で交流があるわけではない相手にまで矛先《ほこさき》が向けられるようになってしまった。そういう見知らぬ誰かの〈叱る依存〉の対象になってしまったんですね。歯止めをかけるような仕組みや概念がないことが、問題を深刻化させているように思います。

大山　それが原因で命を落としてしまう人も出ていますから。私も心が折れかけて、一時は「もうSNSで発信するのはやめようか」と思ったりしました。

村中　ネット上でバッシングをする人には、「利他的処罰」と呼ばれる心理が働いている可能性があります。自分の利害には関係なく、社会のために誰かを処罰しようという発想です。そして困ったことに、正義をふりかざすとき、人はとくに攻撃的になりやすいんです。「自分は、相手の間違いや悪いところを指摘してやっているんだ」と考えているからです。
　でも、実際には、他者を攻撃することが快感になっていて、自分の欲求を充たしたいからやっているんですが。起きているのは、そういう「正義の暴走」なんです。

大山　私自身、「表現がよくなかったな」「もう少し配慮して、きちんと伝わるように書くべきだった」という反省もありました。また、なかには私を貶《おとし》めたいだけというのもありましたが、「たしかに、正論を言われている。やっぱり私がいけなかったのかな」と思うような意見もありました。

村中　正しいことを言っている部分もあるでしょうが、正しい意見なら人を傷つけていいということにはなりません。無関係な第三者ならばなおさらです。正義の暴走を抑止するような仕組みがやっぱり必要なんです。

〈セルフ叱る依存〉という落とし穴

村中　人の処罰欲求が暴走しやすい環境、とくにネットバッシングのようなかたちで人を傷つける行為がエンターテインメント化している現実を、私はとても心配に思っています。

しかし、「処罰感情の正当化」や「正義の暴走」に対して、それを抑制しなくてはとみんなが思うような概念、多くの人が共有できるような言語化表現がまだないんですよ。だから、うやむやなまま放置されやすいのではないかと考えて、私は〈叱る依存〉という概念を世の中に提示したんです。

〈叱る依存〉という言葉を通して広く伝えたかったのは、「怒ったり叱ったりするのは、自分の欲求を充たすことだからやっているんだ」ということ。いろんな理屈をこねることはできるでしょうが、結局のところは「自分のためにしている」ことに気づいてもらいたい、もっと自覚してもらいたいのです。

「あっ、これって〈叱る依存〉に陥ってないか？　まずいな」と自分を省みるきっかけになればいいな、そう考えたのです。

大山　『〈叱る依存〉がとまらない』を読ませていただいたとき、「私自身もそうだったかも」と刺さるところがありました。たとえば、「学生時代、先生が怒らない代わりにキャプテンが言わなきゃ、と仲間や後輩にきついことを言っていた。あのときの自分は〈叱る依存〉状態に陥っていたんじゃないか」とか。

村中　叱ってばかりいる親やコーチがよく言うのが、「おまえのために言っているんだ」という言葉です。でも、「おまえのために」と言う人は、実のところ「自分のため」に叱っているのです。自分の欲求を充たすために。

ネットでバッシングする人たちも、おそらく自分では気づいていないと考えられますが、「自分の欲求を充たすため」にやっているのです。

大山　いま、子育てをしていると、つい叱ってしまうことがあります。バレーの指導のときは声を荒らげないなんて言っていながら、自分も〈叱る依存〉になりかけているんですね。それに気づいてハッとして「あ～あ、また叱ってしまった」と落ち込むんです。

村中　子育てに関するメッセージとしては、「子どもを叱ってしまう自分を叱らないでください」というのが大事なポイントです。「こんなことで叱ってしまう自分はダメだ」と自分を責めてしまうのも、〈叱る依存〉の一つの形なんです。〈セルフ叱る依存〉と私は言っています。これって、過去に苦しい体験をされた方ほどハマりやすい落とし穴なんですが、自分を責めてもその先に解決の糸口はないんです。

だから、叱る自分を責めてしまいそうになったら、「これはよくないパターンだな」と自分をその状況から引きはがしてください。そして、叱りたくなる状況を生み出さないようにするには何ができるだろうか、と具体的にできることを考えてみてください。

大山　私はわりと自分を責めてしまう〈セルフ叱る依存〉に陥りがちなところがあるかもしれません。思考パターンを変える必要があるんですね。ありがとうございます。お話を伺って、気が楽になりました。

村中　少しはお役に立てたようであれば、私もうれしいです。私のほうこそ、トップアスリート経験者でなければわからない興味深いお話、心に沁《し》みるお話などをいろいろお聞きすることができて、とてもいい時間を過ごさせてもらいました。

ないに越したことはないのですが、もしまたSNSで〈叱る依存〉の対象になってしまうようなことが起きましたら、助太刀しますよ、〈叱る依存〉問題の提唱者として。

大山　それは心強いです。その節はよろしくお願いします。

対談を終えて

今回の対談で私がとくに印象に残ったのは、大山さんの荒木絵里香さんへの眼差《まなざ》しでした。短い対談時間のなかだけでも、大山さんにとって荒木さんがいかに特別な存在なのかが伝わってきたのです。バレーボールを心から楽しんで現役を終えた荒木さんを羨《うらや》む気持ちと、それでいて同時に心の底から尊敬する大切な仲間であることが、言葉の端々から感じられました。

お二人の結びつきは、お二人にしかわかりません。けれどそれはきっと、お二人が周囲からどのように扱われてきたのかということと無関係ではないはずです。早くから注目され、期待された大山さんに対し、荒木さんの選手としてのピークは現役生活の後半にあり、オリンピックのメダリストにまでなられました。

小中学校時代から何度も全国優勝を果たした大山さんと、その時期にいろいろなスポーツを楽しんでいた荒木さん。子ども時代だけに注目するならば、その世代のトッププレーヤーだった大山さんが、荒木さんを羨むようになる未来を想像することはできなかったでしょう。

私たちはどうしても「早熟」さだけを、才能として認識しがちです。しかし、「才能」にはいろいろな形が存在しています。どのタイミングで、どんな環境によってそれが開花するのかは、子ども時代にはまだわからないはずです。

それなのに大人は、子どもが早熟であることを望み、早熟でなければ、大人になってから「才能」を発揮することなどないかのように決めつけてしまうのです。そのことが、さまざまな場面の〈叱る依存〉の背景要因になっているのだと、今回の対談で改めて気づかされました。

スポーツ指導はその典型的な例でしょう。指導者は、子どもたちの才能が開花する瞬間を見たい。それもできるだけ早く、できれば自分が見たいのです。その気持ち自体は指導者として間違ったものではありませんし、むしろ必要な動機の一つなのかもしれません。

しかし、その気持ちが子どもたちの気持ちや権利を軽視することにつながると、弊害が大きくなります。そこに強烈なコントロール欲求が生まれるからです。自分が思う理想通りに子どもたちが動き、理想通りの形で勝利することができれば、子どもたちの才能を開花させたと感じられる瞬間になるでしょう。

そこに〈叱る依存〉の落とし穴があります。子どもたちにネガティブ感情を与えながらコントロールすることがやめられなくなるのです。なぜならば、一番手軽にコントロールする方法が、叱って圧をかけることだからです。

今回の対談では話題になりませんでしたが、こういった指導の歯止めが利かなくなったことで、悲惨な事件や命に関わる事故につながる場合があります。

たとえば、私の印象に強く残っている、私の地元大阪で起きた事件があります。高校のバスケットボール部の顧問が繰り返し暴力を振るったことが原因で、男子生徒が自死に至ったこの事件は、当時メディアでも大々的に取り上げられました。

事件そのものもとてもショッキングなものでしたが、それ以上に私の記憶に強烈に焼き付いている後日談があります。この生徒が通っていた高校の、保護者、部員、卒業生ら約１１００人が、市の教育委員会に顧問への寛大な処分を求めて嘆願書を提出したのです。私は当初、もしかしたら報道されていることが事実と異なっていて、そのことを訴えたのかとも思いましたが、そうではありませんでした。報道されていることは事実であると認めながら、「よい先生である」ことを理由に情状《じょうじょう》酌量《しゃくりょう》を求めたのです。

なぜそんなことを訴えるのか、当時私はまったく理解できませんでした。人の命が失われている事件の加害者が「よい先生」だとは思えません。その後さまざまなことを学んだことで、この件についてある仮説を立てるに至りました。おそらく、ドメスティックバイオレンス（ＤＶ）における、加害－被害者関係と似たようなことが、このバスケットボール部内で起きていたのではないかといま思うのです。

ＤＶにおいて加害者は正義の立場に立ち、「相手の悪いところを正す」ために暴力を振るう場合が多いことが知られています。さらには、それが繰り返されることで被害者は「自分のためにしてくれている。悪いのは自分だ」と思うようになるのです。こうやって加害者は被害者を完全に支配し、加害的な関係性が永続してしまうと考えられています。

こういう話をすると、それはあくまで極端な事例だろう、と思われる方もいるかもしれません。しかしながら、スポーツの指導者による支配の構造は、より軽微なものを含めると、これと似たようなことがとてもよくあるのです。私が知っているだけでも、少食の子どもに食べきれない量の食事を日常的に強制したり、完全にコーチのプライベートな用事を選手がすることを指導として求める、といった事例を聞いたことがあります。

問題は、こういった指導が「子どもたちのためを思って」行われていることです。しかし、これらの行為はＤＶにおける支配－被支配関係ととてもよく似た構造のように私には思えます。何よりこういった指導は、たとえそれが行きすぎたものでなくとも、子どもたちのスポーツへの取り組み方を受動的なものにしてしまう弊害があります。もう少し具体的に言うと「自分で考えてプレーする力」を奪ってしまうのです。

「怒られて、監督に言われたままにやっているほうが、ある意味ラクなんです」
「先生怒ってよ、怒って『こうしろ！』と言ってくれたほうがラクだよ」

大山さんのこれらの言葉は、核心を突いたものではないでしょうか。指導者が子どもたちに圧をかけて思い通りにコントロールすることが、子どもたちにどんな影響を及ぼすのかがよくわかるセリフのように思います。

問題をややこしくさせているのは（対談のなかでも触れられたように）その指導によって、ある程度「勝てる」ことでしょう。指導者の思い通りに子どもたちが動くことで、試合では勝てる確率が上がることは、充分に考えられます。つまり、そうやって意のままにコントロールすることで「才能を開花させている」と指導者が感じることができてしまうのです。

しかしその指導が、子どもたちが自ら考える力を奪い、受け身であることが「ラク」であると学習させてしまうものだとしたら、それは未来ある子どもたちへの指導として不適切と言わざるを得ないのではないでしょうか。

この問題を解決するために必要なことは、子どもたちのスポーツ指導を取り巻く仕組みを改革することだと思います。

もちろん、指導者一人ひとりが学び、自らを律することは大切ですが、責任を個人だけに求める発想には限界があります。だから、そもそもそういった問題が起きにくいように仕組みを変える必要があるのです。

対談のなかでも、試合中に監督が指示できないルールにする、複数の指導者が関われるようにするなどの具体的な案が出てきました。どれも実際に取り入れられたらいいなと思うよい案ばかりです。

こういった認識が広く共有されて仕組みが改善され、スポーツを心から楽しみながら上手く、強くなっていく子どもが一人でも増えればと願っています。

第５章

僕が「『叱る』をやめる」と決めた理由

佐渡島庸平 × 村中直人

Sadoshima Yohei ／ Muranaka Naoto

【佐渡島庸平　さどしま・ようへい】　株式会社コルク代表取締役社長、編集者。

1979年、兵庫県生まれ。東京大学文学部を卒業後、2002年に講談社へ入社。モーニング編集部にて、『ドラゴン桜』（三田紀房）、『宇宙兄弟』（小山宙哉）などの連載を立ち上げ、小説『モダンタイムス』（伊坂幸太郎）、『空白を満たしなさい』（平野啓一郎）も編集を担当した。2012年に独立し、クリエイターのエージェント会社・コルクを創業。著名作家陣とエージェント契約を結び、クリエイターの価値を最大化すべく活動している。著書に『観察力の鍛え方　一流のクリエイターは世界をどう見ているのか』（SB新書）、『感情は、すぐに脳をジャックする』（学研プラス）など。

「ぼく自身のことを振り返ってみると、コルクを創業してはじめの頃は、社員のことをよく叱っていた。そして、それは相手のためを想ってのことだと信じていた。その上、叱るという行為に自分も依存していたのかもしれない」

この文章は、佐渡島庸平さんがご自身のnoteに『〈叱る依存〉がとまらない』の感想を書かれたもので、私はたまたま目にして、とてもうれしく思ったことを覚えています。

佐渡島さんといえば、『宇宙兄弟』や『ドラゴン桜』といったヒット作を編集者として世に送り出し、その後日本初のクリエイターエージェンシーである株式会社コルクを創業された経営者でもある、とても著名な方です。そのような著名な方が、私の書いた本の内容を肯定的に捉え、自身の認識の変容を公表しておられる。ならば、敏腕編集者であり、ベンチャー企業の経営者でもある佐渡島さんと〈叱る依存〉について、お話しさせていただきたいと思いました。

このとても楽しかった対談は、佐渡島さんが主催するオンラインサロン「コルクラボ」のメンバーの皆さんに見守られるイベントとして実施されました。佐渡島さんとの刺激的なお話に加え、聴衆の皆さんの真剣な反応を受けて、対談はとても熱の入った議論となりました。

「『叱る』をやめる」と決めた理由

村中　佐渡島さんが拙著『〈叱る依存〉がとまらない』の感想をnoteに書いてくださったことがきっかけとなって、こうして直接お話しできる機会をいただくことになり、とてもうれしいです。佐渡島さんは、編集者であり、経営者であり、著述家であり、枠にはまらない幅広い活動をされている傍ら、三人のお子さんの父親として子育て中でもいらっしゃる。さまざまなシチュエーションの中で、相手とどう向き合ったらいいか考えることの多いお立場だと思います。そもそもあの本の何が心に届いたのかというところからお聞きしていいでしょうか？

佐渡島　僕は、叱ることがいいことか悪いことかずっと悩んでいました。いま、ヨーロッパのサッカーチームなどでは、まったく叱らない指導法がとられていますよね。それで、叱ることに代わる方法があるのであれば身につけたいと、ヨーロッパで活躍されているサッカー指導者の佐伯夕利子《さえきゆりこ》さんから、1年間コーチングを受けたりしていたんです。

とはいえ、自分の中で「叱るのは、なし」とはっきり意思決定できていませんでした。僕自身、いろいろな人を叱ってきた歴史があります。講談社にいたときは後輩を、コルクを始めてからは社員を、家庭では子どもを叱ってきている。そういう過去を全否定するわけにもいかない。だから、叱ることへの懐疑心はありつつも、「叱ることにも一定の価値があるんじゃないか」という考えをもっていたんです。

昔から母が僕に対して「愛情があるから叱るのよ」と言っていたことも記憶にありました。たしかに、僕自身も「育てよう」「伸ばそう」としている相手以外はべつに叱ろうとは思わない。目をかけているからこそ叱ってしまう、という感覚がありました。

そんな逡巡《しゅんじゅん》の中にあった僕に、村中さんの本は「叱ることにポジティブなロジックを立てることはまったく意味がない」と教えてくれました。「『叱る』をやめるスタンスで自分の態度を構築しよう」と意思決定させてくれたんです。

村中　そうですか、佐渡島さんにそんなふうに受けとめていただけたとはうれしい限りです。

「成長につながる我慢」と「ストレスになるだけの我慢」

佐渡島　本の中でいちばん刺さったのは、「厳しさ」についての箇所です。僕はトップレベルの作品を生み出す作家を育てたいので、「そのためには厳しさが必要だ。そのハードルを僕が下げてはいけない」と考えていました。だから、僕が厳しくすることによって相手がネガティブな感情をもつことは仕方がないことだ、と捉えていたわけです。ところが、村中さんの本にはこう書かれていた。

「叱ることがすなわち厳しくすることだ、という認識自体がそもそも誤りです。『厳しさ』の本来的な意味とは、『妥協をしない』ことや、『要求水準が高い』ことだからです。要求水準を高く保つことは、相手にネガティブな感情を与えなくても可能です。『苦しみを与える』も同じことで、厳しくする＝『叱る』『苦しみを与える』ではないのです」（『〈叱る依存〉がとまらない』Ｐ１６１－１６２）

この言葉がとても腑に落ちたんです。人が成長するのはどういうときかについても、提示されていました。

「苦しみが成長につながるのはそれが他者から与えられたときではなく、報酬系回路がオンになる『冒険モード』において、主体的、自律的に苦しみを乗り越える時です。周囲の人間ができることは、本人が『やりたい』『欲しい』と感じる目標を見つけるサポートをすること。そして目標を目指す『冒険』を成功させるための武器を与え、道筋を示すことです。繰り返しますが、『叱る』がなくても厳しい指導は可能です」（同P１６２）

激しく同意して、「よし、ならばこっちの道を探究しよう」と考えるようになったんです。

村中　ありがとうございます。いま言っていただいたのは、私が「苦痛神話」と呼んでいるものです。日本には、「後々のために人は苦しみを体験しなくてはいけない」とか「苦痛を乗り越えることで強く成長するんだ」みたいな考え方が非常に根強くありますよね。私はそこに異議を唱えたかったんです。

佐渡島　たしかに、部活動の「練習の苦しさに耐えられなければ、試合には勝てない」みたいな考え方はその典型ですよね。勉強も、つまらない詰め込み学習に耐えて試験を突破するのが勉強であるかのような考え方が見られます。

村中　そうそう、楽しく学んでいると「そんなのは勉強じゃない」と言われてしまう。

苦しい状況を我慢するといっても、自分の意思で自発的に苦しさに耐えようとする心理と、誰かから強制的に与えられた苦しさに耐えようとする心理とは、まったく別物です。我慢して、苦痛に耐えることのすべてが成長につながるわけではないのです。

学びを促進したり、成長を促したりする効果が高いのは、自分の意思で決断し、やりたいことのためにしていると感じられる我慢であって、他者から強要された我慢をしているときではない。「目的のための自発的な我慢」と「他者から強要された我慢」、そこをきちんと分離して考えなくてはいけない。一方的に与えられた苦しみを我慢することで生まれるのは、「諦め」や「無力感」です。「忍耐力」や「困難に打ち勝とうとするエネルギー」にはならない。そのことを、世の中にもっと広く知ってもらいたかったんです。

佐渡島　いまの話は、とくに子育てにおいて参考になりました。親としては、子どもがわがままばかり言うと「うちの子、我慢のできない子だけど、大丈夫かな」と不安になり、「子ども時代にきちんと我慢を覚えさせたほうがいい」と、我慢を強いるような躾をしがちです。でも、自分で選択した自発的な体験であれば価値があるけれど、他者から強要された体験はストレスになるだけ。何一ついいことがない。そこを区別することはすごく大切ですね。

僕が子どもたちに身につけてほしいのは、やっぱり「目的のための自発的な我慢」です。

だから、「自分で決めたこと、自分で選んだことに対してはやりきる」ことを教える一方で、「他者から我慢を強要されたときには、どうやってそれに対処したらいいか」を教える、というように、完全に切り分けて子育てしていったほうがいいだろうな、ということです。

村中　まさにおっしゃる通りです。

自分では気づきにくい「叱ることの快感」

佐渡島　僕が村中さんの本で学んで、「叱る」のをやめようと決心した理由がもう一つあります。それは、「叱る」ことが実は自分への報酬になっている側面があるという話です。

「人にとっての報酬は、その人が『欲しい』『やりたい』と感じるような、わかりやすい『ごほうび』だけではないのです。場合によっては本人すら気づかない『報酬』もあり得ることを私たちは知っておかなくてはいけません」（同P50）

この知見にはドキリとしました。これまで僕にとって、叱っているのは「自分のための時間じゃない」という意識だったんです。僕からすると、短時間で相手の注意を喚起させ、わかってもらうために、きつめの言葉で伝えている、と考えていました。だからそれは完全に「相手のための時間」だったんですよ。

でも、叱っていることで僕自身が疲れながらも気持ちよさを感じているとしたら、それは健全ではないし、その報酬は僕が受け取りたいものではない。これはやはりやめたほうがいい、と思えたわけです。

村中　本にも書いたように、叱ることが報酬系回路を刺激しているって、自分では気づかないことが多いんですよ。しかし、「自分の行為には影響力がある」「自分が叱ることが相手を望ましい方向に動かす」といった感覚は「自己効力感」を高めます。心地よいからまたやりたくなる。依存性があるわけですね。

佐渡島「あなたのため」と言いながら、実は自分が気持ちよくてやっている、と。

村中　そうです。さらに「処罰感情の充足」という報酬もあります。悪いことをしている相手を諌めているんだ、という意識が快感をさらにかき立てます。

私はそのことを「どこから来たかよくわからない正義」と呼んでいます。ネット上での誹謗中傷の書き込みなどもそうなのですが、自分の処罰欲求に突き動かされているときって、正義の側に立てるんですよね。正義の執行者になれる。だから歯止めが利きにくいのです。だから社会的によくないことをした人の罪と、その人への過剰な人格攻撃や憶測に基づく誹謗中傷とは、分けて考える必要があるのです。不正義に対して声をあげることが必要なときもあるでしょうが、その前にまず、自分の行為が自分自身の欲求を充たすだけのものになっていないか、自制する意識をもつことが大切です。最近はその自制する意識が働きにくい社会になってしまっているのではないかと、私は危惧しています。

学校に行かない息子にかけた言葉

佐渡島　僕の息子は、学校に行かないことがあるんです。べつに何をするわけでもない、家でダラダラしている。そうすると妻は「学校に行ってないんだから、今日はゲームの時間はなしでしょ」と言うわけですね。「やることやってないんだから、楽しみもなしでしょ」と言わずにはいられないのでしょう。学校に行かないことと、ゲームをやってはいけないことは違う話だよなと思いつつも、妻がそう言いたくなる感情もわからないこともない。そういうとき、どうするのが正解なのか。行き詰まってしまったんですよ。

村中　それはあるあるですね（笑）。「やるべきことをやっていないんだから、ゲームはなしよ」というのは、罰を受けるべきだという処罰感情の発露ですね。その裏には、罰したいという感情の他に、母親として「子どもにはきちんと学んで成長してほしい」。学校に行く・行かないはともかく、学ぶ時間をもってほしい」という願いもある。その両方が入り混じっているんだと思います。

佐渡島　この間も、息子が自分の思うようにならなかったことがあって拗《す》ねて、「今週は学校に行かない」と言ったんです。実際、月曜、火曜と二日つづけて行かなかった。それで二日目の夜に「明日も行かないつもりなの？」と聞いたら、「明日は行こうと思っている」と答えたんです。

それを聞いて僕は、「学校に行くことが偉いとは考えていなくて、自分に嫌なことがあって破裂しちゃった感情を、ちゃんと自分で立て直したところが偉いと思う。大人でもそれができない人もいる。尊敬するよ」と伝えたんです。自分自身の素直な思いとして。翌日、彼は学校に行きました。そのときに、「ああ、これでいいのかもしれないな」と実感できるものがあったんです。

村中　それはすごくいいコミュニケーションだったのではないでしょうか。なぜいいと思うのか、大事なポイントが二つあります。一つは相手の行動の「意思決定」について、コントロールしようとしていないところ。たとえば、親として「学校には行くべきだ」と言うのは、行動の意思決定に強い影響を及ぼす言い方です。いまのお話では、佐渡島さんは意思決定を完全に息子さんに委ねています。息子さん自身が自分で決めているわけですね。そこがいい。

もう一つのポイントは、「僕はこう思う」と「アイメッセージ」のかたちで伝えたこと。このアイメッセージ、つまり自分を主語にして話すことがすごく大事なんです。世の中の一般論的常識や善悪基準とかではなく、父親として佐渡島さん自身の考えを話した。そのメッセージは息子さんにきちんと伝わっている気がします。

佐渡島　僕は息子に「自分の感情をコントロールできる人」に成長してほしい。それを学校教育の中で学んでほしいと考えています。その練習ができたことを「偉いと思う」「尊敬するよ」と言ったわけで、僕としては息子と「価値観の共有」をしたつもりです。

たとえば、そこで「そうか、明日は学校行くんだ、偉いね」と言ったら、学校に行く気になったことをほめていることになりますよね。僕は「価値観の共有」と「ほめ」は根本的に違うと考えるのですが、多くの人が混同しがちではないでしょうか。「『ほめ』を使って相手を自分の思う方向へと誘導しようとしている」ようなこともけっこうあるじゃないですか。

村中　ありますね。私はよく親御さんたちに言うんです。「『ほめ』もコントロールになってしまう可能性がありますよ」と。こちらが「こうなってほしい」と思っているほうに近づいたら「ほめる」ことになるので、結果的にコントロールすることにつながりやすいんです。

相手をコントロールしない話し方

佐渡島　「ほめるか、叱るか」にならないようにするには、「反応する」のがいいのではと思っているんですよ。それも、いたってニュートラルに反応する。

たとえば、僕は社員の提案とか発言に対して、「おおっ！」と言うことが多いんです。ただ「おおっ！」とだけ（笑）。

村中　よくも悪くも取れますね（笑）、一体どういう「おおっ！」なんだろうかと。

佐渡島　そうなんです。それでも、「見ているんだな」「聞いているんだな」というのはわかる。そうすると、僕がどういう意味で「おおっ！」と言ったのか、みんな自分で考えるんですよ。どこにどう反応したのかなって。

村中　それ、私がつねづね保護者の方たちや企業の管理職の方たちにお勧めしていることと同じですよ。「『ほめ』によるコントロールが気になるときは、驚く反応をしましょう、『感嘆』の言葉をかけましょう」とお勧めしています。感嘆の反応は、人をコントロールしませんから。

佐渡島　相手を「コントロールしようとすること」と「価値観の共有」の差は何だと思いますか？

村中　やはり、先ほどの二つのポイントを押さえているかどうかでしょうね。意思決定権を相手に委ねることと、アイメッセージで話すこと。この二つをはっきり意識していると、相手をコントロールしようとするコミュニケーションにはなりにくいと思います。

親でも上司でもそうですが、相手をコントロールしようとするときには、「正義」を主語に話すんですよ。「こうあるべきだ」とか、「こうしないとダメだよね」とか、社会一般の「こうすべきだ」という概念を押し付けようとする。そうではなくて、「私」としての思いを伝えるのがアイメッセージです。そういうメッセージにはコントロール色が少ないんです。

私が「『叱る』を手放しましょう」と言うと、「甘やかすのか」とか「躾を放棄するのか」という批判の声が寄せられます。しかし、叱らなくても躾はできるし、叱らなくても「これが必要だと私は考えているよ」と伝えることで意思疎通をし、価値観を共有することはできます。「『叱る』を手放す」とは、相手を自分の意のままにコントロールしようとする欲求を手放すことなんですよ。

佐渡島　話を聞きながらいま思い出したのが、会社を始めたころの僕についてです。「編集者とはこうあるべきだ」「こうあってはいけない」といった「編集者のあるべき像」を提示するのが自分の役割で、そこが自分とズレている社員には「そこ違うよ」と指摘していました。それがリーダーとしての役割だと考えていたからです。つまり、僕自身が定規としてもっている「べき論」に当てはまっているかどうかで社員をジャッジするようなことをしていて、そのために叱ったりほめたりという方法を使っていたわけです。

しかし、やがて「これは違うなあ」と思い至った。そこで、コルクという会社として僕が目指していきたい方向は「ビジョン・ミッション・バリュー（行動指針）」で提示して、社員たちにはそれを定規として捉えてもらう。「そこに寄っていくかどうかは、僕がジャッジするのではなくて、社員一人ひとりそれぞれなんだ」という考え方に切り替えたんです。そうすることで、叱ることもなくなったし、「ほめなきゃ」と思うこともなくなった。僕自身、とてもラクになりました。

村中　なるほど。ある種の仕組みを取り入れることで、社員をコントロールしようとする欲求を手放すことに成功したわけですね。

いまおっしゃったように、近年、企業は事業の志や自社の存在意義といったものを明確にした「パーパス経営」を目指すようになり、その旗印のもとで価値観の共有を図れるようになってきています。では、家庭ではどうしたらいいか。家庭に取り入れられる仕組みの一つとして、私は「家族会議」を推奨しています。

「家族会議」の勧め

村中　いまの時代、大人も子どももみんな忙しいですよね。どうしてもコミュニケーション不足になりがちです。だから、家庭内の仕組みとして家族で話し合う時間を設ける。そこで、家族それぞれの予定の共有をしたり、家族間で必要なルール決定をしたり、家族でやりたいことなどを話し合うんです。

「家族会議をやろう」と提案すると、お子さんが嫌がるかもしれません。それは詰問《きつもん》される場だと思うからです。日ごろ叱られることが多い子、親からきつい調子でものを言われることの多い子は確実に嫌がりますよ。自分ではそんなに叱っているつもりはなくても、子どもが家族会議を怖れるようだったら、子どもにけっこうストレスを与える接し方をしているかもしれない。家族会議を提案するだけでも、これまでの自分と子どもとの関係性を振り返るよい機会になると思います。

佐渡島　子どもが嫌がるのは、話し合う技術をもっていない、ということもありませんか？二人の対話にしてもそうですが、自分の思いをどう伝えれば相手に理解してもらえるかの技術をもっていない。家族会議はその練習にもなりますね。

村中　それはたしかにあり得ますね。最初はしぶしぶその場にいるだけだったとしても、詰められる場ではないという安心感がもて、「この場では自分の意見が言える」とか、「通るかどうかはわからないけれど、お小遣いの交渉ができる」「ゲーム時間の交渉ができる」など、自分の意見を言える場だと思えるようになると、ちゃんと参加して発言するようになることが多いです。

その場に家族が揃って、「今日の議題がある人」と言ったときに子どもが「はい！」と言って自分の要望を言い出すようになったら、かなりいい傾向です。そこには主体性がありま す。ちょっとした「冒険モード」に入っています。「叱る・ほめる」ではないところで、話し合いを通じて「自分で決めていく」ことを学習できます。

うちの場合、月に一度、日常的にやっている「定期家族会議」と、何か特別に話し合う必要が生じたときに招集をかける「特別家族会議」とがあります。定期会議では最初に、家族それぞれの予定の共有をするんですが、これをするようになって、予定が伝わっていないことによる夫婦間トラブルを未然に防げるようになった、という副次的効果もありました。

佐渡島　我が家の家族会議は、「ゲームの時間は何分までＯＫか」という話ばかりです（笑）。関心がそこばかりというのが悲しいところですよ。

村中　それでもお子さんが、「こうしたい」と話せて、「親としてはこうあってほしい」という対話ができていることに意味があると思いますね。親が一方的に子どもをコントロールしようと思っていないから会議をやろうと言っているわけで、それが子どもに伝わることが大切です。最初のうちは話がゲーム時間のことに終始していたとしても、そのうち違うテーマへと発展していくでしょう。子どもが自分から話せる環境が用意されているということが大事なんですね。

人と「話し合う」ことでものごとを解決していこうとする姿勢は、学校だけで身につけるものではなくて、家庭でも、家族の間での話し合いを仕組み化することで身につけていけるということです。だから、私は家族会議を日本中の家庭にお勧めしたいと思っているんです。

「前さばき」ができると「叱る」を自然に手放せる

佐渡島　村中さんは本の中で、「叱る」を自然に手放すためには「前さばき」が重要だ、と書かれています。家族会議での話し合いも、「前さばき」になりますね。

村中　そうです。家族会議とまではいかなくても、夫婦間や親子間で対話して、あらかじめ対応策についての考えをすり合わせすることは大事だと思います。たとえば、子どもがゲームばかりしてしまうようだったら、問題行動になる前に、「勉強とゲームの配分、自分としてはどうしようと思っている？」と訊いて、子ども主導でルールを決めます。学校に行かないようだったら、その時間で、何に取り組むかを子ども自身に考えて提案してもらう。自分で決めたことと、親から「こういうルールにします」「こうしなさい」とやらされるのとでは、同じルールでもまったく違います。

「叱るを手放す」ことの目指すところは、「叱ることを我慢できる」状態ではなく、「気がついたら叱らなくなっていた」状態です。適切な「前さばき」ができることが増えると、自然と「叱る」機会が減り、そうなっていきます。

佐渡島　ただ、実際には家庭でも会社でも、多くの人が「起きている出来事への対応」に追われている。世の中、「後さばき」ばっかりじゃないですか（笑）。

村中　おっしゃる通りなんです。もっとも、これは「卵が先か、鶏が先か」みたいな話で、「前さばき」をしていないから「後さばき」の量が増え、「後さばき」ばかりしているから忙しくて「前さばき」ができなくなっているんです。

佐渡島　そこをうまくスイッチングして「前さばき」ができるようにするにはどうすればいいのでしょう？

村中　「予測力」を鍛えることだと思います。起こりうることを高い精度で予測できれば、先手が打てる。つまり「前さばき」ができるわけです。「前さばき」のうまい人と下手な人とで決定的に違うのは予測力です。

カギとなるのは「予測力」

佐渡島　予測力ですか。そういえば、以前息子が魚を育てたいと言いだしたことがありました。水槽を用意するところから始めたのですが、飼いたい魚の種類を考えて、水槽の大きさを考えて、水草や砂はどんなものがいいか考えて、濾過《ろか》フィルターはどうする、照明は、ヒーターは……といろいろなことを準備する必要がありました。いま考えると、あれは予測をもとにした「前さばき」の連続でした。

村中　ああ、そういうことです。魚を飼育するのに必要なことやトラブルの原因を予測して、予測のもとに環境を整えたわけですね。同じように、家庭や会社でも子どもや若手が育ちやすい環境を整えるために予測して準備をしておくということです。

佐渡島　人間って、自分に関することへの期待値を高めやすいところがありますよね。たとえば、ジャンケンをして自分が勝つ確率はフラットに考えれば50％なのに、心理学のテストをすると、「自分が勝つんじゃないか」と思う人は50％より多いという。自分に関することは、期待のほうへと寄ってしまう傾向があります。

村中　そうですね。私が「『叱る』を手放すために『前さばき』しましょう、予測力を高めましょう」という話をすると、保護者の方たちから、「自分の子どもに対して、期待をせずに予測をすることは難しい」という声が多く聞かれます。やはりどうしても「願望」や「期待」が入る、と。願望や期待が強くなるほど、予測の正確さは失われていきます。自分に都合のよい未来を描いてしまうからです。

佐渡島　その逆で、「不安」によって予測力が乱れることもありますね。たとえば、ショッピングセンターで子どもがいなくなったり、いつもなら帰ってくる時間に帰宅しなかったりすると、ものすごく心配になる。だけど実際のところ、国内において誰かに連れ去られる可能性はそう高いものではない。つまり、予測力の働きが乱れるのは期待ばかりではなくて、不安によっても乱れることがありますよね。

村中　たしかにそうですね。期待だけでなく不安も予測力を乱しますね。ではどうしたらいいか。

「予測がどれだけ当たっているか」を確認する癖をつけるのが効果的です。たとえば「こういうトラブルが起きるだろう」とか「このくらいの成果は出るだろう」といった予測を書き留めておいて、後日本当にそうなったかを確認するんです。予測を一度可視化してみると、自分の予測がどれだけ正確なのかを感情抜きに確認することができます。

佐渡島　僕は「もっと自由に働きたい」「自分が考えていることを自己決定してどんどん実現させていきたい」という気持ちで独立、起業しました。会社を創設してから6～7年目くらいまではただただ一生懸命働いていて、経営という意識があまりなかったんです。予算の概念もなくて、１年間一生懸命働く。決算する。「儲かったよ、よかったね」という感じでした。

会社を継続させていくには、計画を立て、予算立てすることが必要だと考えるようになったのは、予算とはまさしく予測力を働かせることだと気づいたからです。もちろん、すべてを予測できるわけではないけれど、予測できなかったことが起きた場合にどれくらい上振れ・下振れするのか。予算とは、予測できないことを予測することまで含めて、数字として可視化する行為です。会社を回していくために、実はとても重要だと考えるようになったんですよ。

村中　期待軸や不安軸に偏りすぎていると、予測は壊滅的に当たりませんからね。

先ほどの期待と予測の違いではありませんが、会社で立てる計画は「期待の計画」ではなく、あくまでも「予測の計画」でなくてはいけないわけですよね。

「前さばき」のうまい人、「後さばき」のうまい人

佐渡島　「前さばき」「後さばき」とは、なかなか面白い切り口ですよね。ビジネスで生じる

さまざまな状況をこれで説明できるかもしれない。仕事をしていても、「前さばき」のうまい人と「後さばき」のうまい人とがいます。両者はタイプが違う。

村中　そうですね。問題処理能力が高くて、何か困ったことが起きたときにその人が出てくると、パパッといろいろ片付いて物事が進んでいく。こういうタイプが「後さばき」のうまい人。一方、プロジェクトの絶対外してはいけない勘どころを読んで、事前に布石を打ったり根回ししておいたりするのが得意なのが「前さばき」のうまい人。

ただ「前さばき」派の人が正当に評価されるのは難しい。予測力が働いているからトラブルに遭遇することが少なく、仕事がスムーズに進みやすいんです。けれども、それが本人の事前の努力によるものだと周りがわからない場合、「ラクしている」とか「簡単な仕事をしている」などと思われやすいんです。本当は優秀なんですけどね。

「後さばき」派の人は現場からも頼りにされますし、処理能力に長けているという意味ではたしかに優秀なんです。でも、「後さばき」は問題の再発予防には効力がありません。未然に防ぐことはできないんです。

佐渡島　そうですよね。だけど、「後さばき」がうまい人は周りから頼りにされるし、まずい事態をうまく修復したり挽回したりするから、評価されやすい。実績になりやすいとも言えます。本人も気持ちがいい。「叱る」に限らずアドレナリンが出やすいでしょうから、それが成功体験になってますます自信をつけていく。

村中　問題の渦中にいるときはドーパミン、ノルアドレナリンが出て、ちょっとした興奮状態になりやすい。だから平時がちょっと物足りなく感じたり（笑）。それと、「後さばき」のうまい人は、自分はうまく処理できるから、「こうすればうまくいくのに、なぜできないんだ」とか「どうしてこれがわからないんだ」と、自分の考える「あるべき姿から逸脱している」人や状況に対して、不満や苛立ちを感じやすい。つまり、けっこう〈叱る依存〉の罠にははまりやすいのではないかなと思います。

佐渡島「後さばき」派の人は、状況を自分自身の意志の力や能力で変えようとする。では「前さばき」派の人がやる準備とは何なのか。予測して人やものごとの「間《ま》」を変えておくことだと僕は考えています。

たとえば、「このプロジェクト、あの社員がちょっとつまずきそうだな」と予測したら、その社員に担ってもらう仕事の分量や難易度を調整して、別の人に割り振ったりサポートに入ったりしてもらうことで、未熟な若手社員でもできるようにする、とか。これは、そのプロジェクトと社員との関わり方の「間」を変えているわけです。

確認する、根回しする、段取りをつけるなどは全部事前の準備ですね。人と人、あるいは人とものごとの「間」を前もって操作して変えようとするのが「前さばき」派ではないでしょうか。どうですか？

文脈次第で能力の出方は変わる

村中　「間を変える」というのは面白い表現ですね。私がよく言う言葉だと「文脈を変える」が近いかもしれません。

仕組みを変えるとは、決まりごと、制度などを設けて、みんながそのルールに沿って行動できるようにすることです。

たとえば、投打二刀流の大谷翔平選手のためにつくられたといってもいい「大谷ルール」というのがありますね。先発投手が指名打者（ＤＨ）を兼務できる、投手として降板した後もＤＨとしてそのまま継続して試合に出られるというルール。もともとＤＨ制というのは、投手と指名打者は別々の人がやる前提で考えられていたわけですが、大谷選手の登場によって、新たなルールがつくられた。つまり、仕組みが変わったわけです。

あるいは、求人広告において性別制限をすることが禁止されるようになりましたが、これも仕組みの変化です。ただ、こうした仕組みの問題は、個人で簡単に変えられるというものではありません。大谷選手はかなり特別なケースと言ったほうがいいでしょう。

個々人が自分の意思や力で変えられるのは何か。それが「文脈」です。文脈とは、文章の脈絡、対応関係だけを指しているのではなく、ものごとの状況、前後関係、背景といった一連の流れを意味します。その流れを変えること。これは佐渡島さんがおっしゃった「間」を操作することと非常に近いと思います。

佐渡島　そうですね、ニアリーイコールと言っていいですね。

村中　たとえば、子どもが不登校になった。「行く・行かない」の話し合いをする手もありますが、「学校で学ぶ以外にも、学ぶための方法はたくさんある」と考えて、「どのように学ぶか」に問いを置き換えるわけです。これは状況を見る視点をずらしている、すなわち文脈を変えているわけですね。環境を変えるということは、学校生活というものごととの向き合い方や人間関係を変えているということですから、「間」を変えているとも言えます。

佐渡島　文脈という流れで言えば、今日のこの対談は、二重の文脈をもって行われています。一つは、村中さんが出す対談本の一つの企画という文脈。もう一つは、村中さんの〈叱る依存〉という知見が面白いから、「コルクラボ」のゲストとして迎えて話を伺いたいという文脈。

コルクラボというのはコルクが運営しているオンライン・コミュニティです。年齢も仕事も社会的状況も違う人たちがコミュニケーションする場、居場所を求めている人のための場です。月に1回、ゲストを招き、僕がホストとしていろいろお話を伺うのをコミュニティのメンバーたちが聴くんです。そのゲストとして村中さんに来ていただいたわけです。

村中　はい。この対談は事前の打ち合わせなしだったのですが、始まる直前に佐渡島さんが「どっちがホスト役します？」と私に短く確認してくださいました。そのとき、「ああ、さすがだなあ」と思ったんですよね。佐渡島さんほどの方にそんな上から目線の評価は失礼な話ですけれど（笑）。

通常だとこの場は、佐渡島さんがホスト役をされると思うのです。ですが、私の書籍という文脈にはそれは合わない。いまどんな文脈で何をしているのかを意識することって、とっても大事だと思います。

他にも、文脈の重要性の例があります。こうやってお話ししていると、皆さんは私が「コミュニケーション能力の高い人」だと思っておられるかもしれません。たしかに、最近はこういった対談以外にも、講演させていただいたり、メディアのインタビューを受けたり、大学で教えさせてもらったりしています。けれどそれはあくまで、私の得意なことを、得意な「文脈」で話をさせてもらっているからに過ぎません。

もしここが「苦手な文脈」、たとえば交流を目的にした立食パーティーか何かの会場だったら、おそらく私は一切何も出来ずに部屋の端で震えています（笑）。万が一佐渡島さんをお見かけしても、声をかけることなんて絶対できずに一人さみしく帰るでしょう。

何を言いたいかというと、「文脈次第で人の能力の出方は変わる」ということです。自分を活かせる環境、文脈はどこにあるのか、それを自分でどうプロデュースしていくかということがとても大事だとお伝えしたいんです。

安心かつ自由でワクワクできる「居場所」

佐渡島　コルクラボでは、僕はメンバーに期待しないでいられるんです。

コルク社内では、やりたいことがあるし、達成したい目標も、計画した予算という課題もあって、いま足りていないピースをどうしたら埋められるかと経営者として考えています。

つい「この社員には、あとこのくらい頑張ってもらいたいよなあ……」という思いを抱いてしまうんですよ。冷静に考えたら成長するまで3年くらいかかるところを、「周囲の評価も高いあの社員なら、1年程度でそのレベルに達するんじゃないか」みたいな思惑が働いてしまう。いわば「期待」ですよね（笑）。そういうことがどうしても起きてしまいます。

だけど、コルクラボではそんな期待をしないでいられるから、僕としてはいたって健全な人間関係が築けるんです。僕自身がフラットな感情で相手と向き合っているから、その人に対する予測も働く。だから、アドバイスを求められると、けっこう的確なことが言えるんです。社員に対してもこういうフラットな感覚で向き合えるといいのですけどね。

村中　コルクラボの皆さんは、好きで集まってきている人たち。もちろんアイコンは佐渡島さんですが、会社組織ではないからそこに固定的な力関係は発生しませんね。そんな関係性だから、期待をしないでフラットに向き合い、コミュニケーションできる。そういう開かれた場所では、「冒険モード」が生まれやすいのだと思います。

「冒険モード」は、報酬系回路が活性化されて「欲しい」とか「やりたい」という気持ちをベースに試行錯誤する状態を意味する私の造語です。そして人が「冒険モード」になるために必須なのは、「自己決定感」なんですよね。「自分で決めた」ということがベースにないと、人間は「冒険モード」に入れません。

佐渡島　みんなこのコミュニティにいることは、自分で決めていますからね。誰かに言われて集まってきているわけではない。それにコルクラボには、果たさなければいけない役割もありません。DoではなくてBeだけでいい、ただいるだけでいい場です。

村中　会社組織の場合、達成しなくてはいけない目標もあるし、そこに当然、指示命令系統があって権力構造もある。その中でいかに社員の「冒険モード」を醸成するかは、やっぱりフラットなコミュニティよりは難易度が高くなるんだろうなと思います。

私は、日本には「冒険モード」を伸ばせる場が圧倒的に足りないと思っているんですよ。

佐渡島　なるほど。コルクラボには、「聖なる一歩」という言葉があります。それぞれが小さな一歩を踏み出しやすい。また、みんながそれを応援する環境なんです。「こんなこと、自分にできると思っていなかった」というようなことをやって、仲間が変わっていく様子をお互いに見合っています。

僕が、こうした何の縛りも責任もない自由な場が面白いのは、このコミュニティではその人が変わるまでずっと待てるんですよ。会社は目的がありますから、ずっとは待てない。固着した関係性ではなく、ゆるくつながる場所だからこそそれが可能なんだと思うんです。

村中　自分の存在への安心感があるから「冒険モード」に入りやすい。そこでの関係に囚われたり依存したりしない。一人ひとりが関係性に期待しすぎず、不安も抱かず、自分のやりたいことに向かっていける。そういうマインドを育む場になっている。安心していられる場所でありながら、冒険モードがかき立てられる場所。いまの時代にすごく価値があると思いますね。

環境への働きかけができるかどうか

佐渡島　結局、文脈を変えるとか「間」を操作するというのは、環境への働きかけというところが大きいですよね。

村中　それにお答えするために、少し「叱られる」側になりやすい人の話をさせてください。

私は、大阪で「発達障害」とカテゴライズされるタイプの子どもたちの支援活動をやってきました。発達障害という言葉が私は好きではないので「ニューロマイノリティ」と表現しますが、ニューロマイノリティなお子さんや青年たちは、叱られることがものすごく多いんです。その大きな原因は、保護者をはじめ周囲の人たちが思う「あるべき姿」からズレることばかりしてしまうからです。その問題について考えているうちに、私は〈叱る依存〉という言葉にたどり着いたわけです。

スタートはニューロマイノリティの人たちの問題として捉えていたのですが、実はそういう一部の限られた世界の話ではなくて、世の中全般にしばしば起きていることだと考えるようになりました。そしてこの問題は、佐渡島さんがおっしゃる通り、環境の影響が大きいんです。

我慢には二つある、「目的のための自発的な我慢」と「他者から強要された我慢」は違うのだと言いましたが、他者から苦痛を与えられたり我慢を強要されたりして激しいストレスを受けた人がどうなるかというと、「学習性無力感」に陥ります。無力化されてしまうんですね。簡単に言えば「諦めてしまう」ということです。無力化されてしまった人は、目の前に解決の扉、起死回生のチャンスの扉があっても、その扉を開けることができなくなるんです。

佐渡島　「自分には無理だ」とか「どうせダメに決まっている」と諦めてしまうということですか？

村中　そうです。だから、無力化されるとは、生きる意欲を削《そ》がれてしまうことだと私は思っています。無力化され、「自分が何をしたとしても、何も変わらないだろう」と思っているところから、どうしたら「自分で意思決定し、行動することによって変わるんだ、道は開けるんだ」という感覚をもてるようになるか。

佐渡島　負の記憶から抜け出すには、何か成功体験が必要でしょうね。

村中　その通りです。その成功体験を味わえるのが、「冒険モード」を伸ばせる場なんですが、そういう場が本当にないんですね。

佐渡島　そういう人たちへどれだけ効果があるのかは未知数ではあるのですが、「三角形のコミュニケーション」を増やすと幸福度が高められる、という話はご存じですか？

幸せをつかむための人間関係づくり

佐渡島　働く人を幸せにするアプリ「ハピネスプラネット」を開発した矢野和男さん（ハピネスプラネットＣＥＯ、日立製作所フェロー）が、「三角形の関係をどれだけつくれるかが人の幸せには重要だ」と提唱されています。三角形の関係とは、上司と部下という二者間の縦の関係だけでなく、横や斜めの関係の人ともつながりをもって、三者が互いにコミュニケートできる関係をつくるという意味です。三角形のつながりが多い組織ほど、リーダーの意思伝達がスムーズになったり、現場の結束力が高まったり、自律的に問題解決が図られたり、メンタルリスクが減らせたりするなど、メリットが生まれやすいそうです。何より、幸せも生産性も高まるというんです。

村中　面白いですね。

佐渡島　それで言うと、僕は漫画家と打ち合わせをするときに、一対一ではなくて僕と漫画家２人の３人でやることがあります。共同で制作するわけではないですよ、それぞれが別の作品を描いている漫画家とあえて一緒に打ち合わせをします。

一対一で話していると、僕のフィードバックを聞いて、批判されているように感じて相手が落ち込んでしまうことがあります。とくに若くて経験の浅い人は陥りやすい。それが３人だと、たとえばAさんに言ったことを、Bさんも聞いていて「あっ、これ自分にも当てはまるな」と感じたりするわけですね。そうすると、Bさんは自分に対する評価がけっこう厳しくてもフラットに聞けることが起きるんです。

それまであまり接点のなかったAさんとBさんが、僕のいないところでコミュニケーションをとることもできるようになる。励まし合う面も、ライバルとして発奮する面もあるでしょう。三角形の人間関係を意識してみると、そんなふうにいろいろな化学反応を起こすから面白いですよ。

村中 私がニューロマイノリティの当事者の方たちやそのご家族によく言うのは、「半径10メートルの社会適応」を考えてみよう、という話です。

私たちが生きている社会とは、大きな社会というものが一つドーンとあるわけではなくて、小っちゃな社会の集合体ですね。「誰も自分をわかってくれない」と言っても、実際に世の中のすべての人とコンタクトをとっているわけでもないし、社会のみんなが敵に見えたとしても、それだって実は限られた人たちに過ぎない。それに、生きていくのに世の中すべてを相手にしなくたっていいんです。人が生きていくために必要とするコミュニティは、実はそんなに大きなものでなくていいし、多くなくてもいい。

同じことをやっていても、それをやってものすごく叱られる空間もあれば、認められる空間もありますね。先ほど「文脈次第で人の能力の出方は変わる」と言いましたが、自分に合う「半径10メートル」の小さなコミュニティが一つでもあれば、人は生きづらさを感じにくくなります。そういう場所を、まず一つ確保することを目標にしよう、と。

「あなたに合う『半径10メートル』が必ずある。だから、素の自分でいられて認められる、そして努力が報われる場所を探していく、あるいは自分でつくり出していくことが大事なんだよ」と言っています。

一つあれば、生きづらさを感じにくくなると言いましたが、そんなコミュニティが二つあれば、より心が安定します。三つあったら、かなりの幸福感や充実感を感じられる。三つあれば十分幸せだとしたら、そこまで難しい目標ではないと思えるかもしれません。そうやって自分の居場所を見つけ、確保していこうと言っています。

佐渡島　いいですね。「叱る」ことから始まって、最後はウェルビーイングな人間関係の築き方、生き方へ着地しましたね。

村中　はい、いろいろな視点からのお話ができてとても楽しかったです。ありがとうございました。

対談を終えて

佐渡島さんは、本当に何度も拙著を読んでくださっていたようで、対談の冒頭から拙著を手元に置き、折に触れて「あそこにああいうふうに書いてあった」「あそこに書いてあったことが腹落ちした」などと、実際にページをめくりながらお話しされていました。

本章の対談のなかの拙著の引用が書かれている部分は、後で該当部分を書き足したものではなく、すべてその場で佐渡島さんが読み上げてくださったものです。そのため、議論は「叱る」という行為について（ときには発想を飛躍して）、とても深い部分にまで及んだように思います。

ここでは、そのなかから重要なものをいくつかピックアップして、内容を整理し解説したいと思います。

議論が最も盛り上がったのは、「前さばき」に関する部分でした。そのなかでもとくに「前さばき」における「予測」と「期待」、もしくは「不安」の関係性についての議論は興味深いものでした。これについては、解説があったほうがよりご理解いただけると思いますので、少し補足します。

叱るという行為はほめるという行為と対比されることが多いといえます。具体的には、「できるだけ叱らずにほめましょう」「ほめてばかりだと調子に乗るから、叱ることも重要だ」などと、叱るべきかほめるべきかという文脈で議論されることが多いでしょう。

しかしながら、「叱る」と「ほめる」の二者択一の発想になってしまっている時点で、視野がかなり狭くなってしまっています。なぜならば、叱るとほめるはどちらも「ことが起こった後」にすることだからです。

そこで盲点になっているのが、叱るやほめるの対象になっている行為の前に、いったい何をしていたかという「前さばき」の視点です。

前さばきは「そもそも問題が起きないようにする」もしくは「物事がうまくいく（できる）ようにする」ための、事前の準備や働きかけのことです。そして前さばきを効果的に行うためには、事態を正確に予測する力が不可欠です。この先に起こることを見通せないなかで、適切に事前の対処を行うのが難しいことはもはや説明不要でしょう。

ここまでが議論の前提の話で、ここからが今回の対談で取り上げられた重要なポイントです。それは「予測」をしようとするときに、「予測」が自然と「期待」や「不安」にすり替わってしまうことが多いということです。

たとえば、「もう○年目（○歳）だから、これくらいできるだろう」「絶対に○○することはないだろう」など、自分自身では「予測」しているつもりが、自分のなかにある期待や願望、もしくは不安を表現しているだけになってしまうことが、たしかによくあります。

人間は感情の生き物でもあるので、自分の感情抜きに客観的に事態を予測することはそもそも難しいことなのかもしれません。また、感情だけでなく「先入観」や「常識」が予測を誤らせることもよくあることです。

だから重要なのは、自分の「予測」には、誤差が必ず発生していると自覚することです。そしてその誤差をできるだけ小さくしていくための、努力とトレーニングが重要なのだと思います。

「叱る」という行為を手放すために「我慢する」方向で努力する人は多いですが、「予測力を鍛える」努力をする人は少ないでしょう。要は努力の方向性の違いですが、予測力に焦点を当てるほうが、我慢するよりはるかに効果的で成功確率の高い努力のように思います。

前さばきにおける感情の影響を理解することは、「前さばき」と「過保護」の違いについて整理することにも役立つでしょう。なぜならば、過保護は不安を解消するために行われることが多いからです。

前さばきと過保護の違いについては、保育士さんなど幼い子どもと日常的に関わる方から質問されることが多いので、小さな子どもの例で説明します。たとえば、服のボタンを留めることがまだ難しく、過去にかんしゃくを起こしたことがあるお子さんがいたとします。過保護と呼ばれる状況は、かんしゃくを起こさせまいと着替えのときに大人がボタンをさっさと留めてしまう場合を指すでしょう。

ここには、子どもが「自分で決める」ことや、「自分でできる」ようになることをサポートするという視点が欠けています。「前さばき」はあくまで、自分で決めて、自分できるようになるための環境整備や下準備です。たとえば、その日着る服を少し大きめのボタンのものにしておくことや、直前に「ボタン、手伝ってほしい？」と問いかけることなどが前さばきとして考えられるでしょう。

端的に言うならば、大人の不安を解消することが目的になっているのが「過保護」、子どもの学びや成長を目的にしているのが「前さばき」です。

さて、佐渡島さんとの対話は、「叱る」を飛び越えて能力論にまで及びました。まずおもしろかったのは、「前さばきのうまい人」と「後さばきのうまい人」がそれぞれ存在するという話です。

ここで重要なのは、前さばきのうまい人が能力の高い人として評価されることが、後さばきのうまい人に比較して少ないという事実です。私はこのことを、子どもたちへの対人支援現場において実感してきました。前さばきのうまい人が対応する現場は、そもそも問題が起きにくいのですが、そのことが正当に評価されることが少ないのです。

よくある誤解は、対応の易しい子どもばかりを担当しているというものです。つまり能力が高いからうまくいっているのではなく、問題のハードルが低い「運のよい人」とみなされてしまうのです。この問題の根本にあるのは、そもそも前さばきを軽視する組織風土にあるように思います。

そしてそれは、企業や学校などにおいても同様でしょう。すでにお伝えしたように、前さばきは「叱る」を手放すためにとても重要な取り組みです。逆に言うと、前さばきを軽視する組織やチームは〈叱る依存〉に陥りやすいと言うこともできるかもしれません。

最後に、能力と環境の関係性についても触れておきましょう。佐渡島さんはそのことを「間」の問題と表現され、私は「文脈」の問題と呼んでいます。ここでは、「文脈次第で人の能力の出方は変わる」と私が言ったことを少し補足したいと思います。

この話は人間の「能力」をどのように捉えるか、という能力観につながる話です。一般的な能力観は、「能力」というものは人間の内側に存在し、何らかの能力を得ればそれは環境や文脈の影響をあまり受けない、だから私たちは能力を得るために努力しなければならない、というものだったのではないでしょうか。

たとえば私が例に出した「コミュニケーション能力」が典型的な例でしょう。企業などでも採用基準としてきわめて重視されているこの能力を、どのように考えるかという問題です。一般的な能力観は、人間にはコミュニケーション能力の高い人と低い人が存在し、その違いはその人の内側に「能力」があるかどうかで決まると考えます。だから、「コミュ力の高い人」は、いついかなる場面においても、うまくコミュニケーションできると期待されますし、「コミュ障の人」はどこに行ってもコミュニケーションの問題を抱えるはずだと考えられます。

しかし、本当にそんな「能力」は存在するのでしょうか？　もっと言うと「他者とうまくコミュニケーションする能力」という能力が人間の内側にだけ存在することがあり得るのでしょうか？

近年の脳・神経科学などの科学的知見やニューロダイバーシティ視点で考えると、その答えは明確に「ＮＯ」です。もう少し厳密に言うと、コミュニケーション能力なんていう、「大雑把な能力」は存在しないのです。どんな場面で、どのようなコミュニケーションを期待されるのかによって、その人がうまく振る舞えるのかどうかは変わります。

つまり人間の能力は、世間で思われているよりももっと細やかで、かつ環境依存的なのです。ある環境で能力が高いとされた人が、ある環境では能力が低いとされることはまったく珍しくないし、論理的に考えて何も矛盾が存在しないのです。

こういった新しい「能力観」は、人間の〝あるべき姿〟を解きほぐしていくことに役立つでしょう。あるべき姿が柔軟で多様になればなるほど、処罰欲求が刺激されることが少なくなります。つまり、「叱る」という行為の幻想を手放していくことにつながるのです。

こういった「能力観」がより一般的になることが、あらゆる人が社会のなかで生きやすくなる未来に、大きく寄与するのではないかと私は思っています。

おわりに

私が切望して実現した4人の識者との対話は、私にとって「叱る」を巡る旅をしているような不思議な体験でした。それぞれまったく異なる分野の立場からの視点やテーマで語られているのですが、根本となる部分は驚くくらいに共通していて、近しい価値観や世界観が語られていたように思います。

さらにはまったく別々に行われたはずの対談が、一つの物語として連なっているように感じたことも強く印象に残っています。実は本書は、実際の対談の順に沿って掲載されています。そのような構成にしたのは、私が感じた「流れ」のようなものを読者の方にもそのまま追体験していただきたかったからです。本書を最後まで読まれたあなたにとっても、私が体験した「旅路」をたどっていただけたなら幸いです。

本書の執筆にあたっては、企画段階からご尽力いただきましたPHP研究所の宮脇崇広様、対談をまとめてくださった阿部久美子様に感謝を申し上げます。

そして何より、錚々《そうそう》たる旅の相棒、工藤勇一様、中原淳様、大山加奈様、佐渡島庸平様に、深く深く御礼を申し上げます。4名のうちどなたが欠けても、本書は成立しませんでした。対談を引き受けていただき、本当にありがとうございました。

最後に、日々私の心の支えとなってくれている家族と、ともに奮闘をつづけてくれている職場の仲間たちに謝意を述べて筆を置きたいと思います。

2024年6月
キャンプに行きたくなる初夏の朝に、未来への希望を込めて

村中直人

村中直人［むらなか・なおと］

1977年、大阪生まれ。臨床心理士・公認心理師。一般社団法人子ども・青少年育成支援協会代表理事。Neurodiversity at Work 株式会社代表取締役。

公的機関での心理相談員やスクールカウンセラーなど主に教育分野での勤務ののち、子どもたちが学び方を学ぶための学習支援事業「あすはな先生」の立ち上げと運営に携わり、発達障害、聴覚障害、不登校など特別なニーズのある子どもたちと保護者の支援を行う。現在は人の神経学的な多様性（ニューロダイバーシティ）に着目し、脳・神経由来の異文化相互理解の促進、および働き方、学び方の多様性が尊重される社会の実現を目指して活動。「発達障害サポーター'sスクール」での支援者育成に力を入れているほか、企業向けに日本型ニューロダイバーシティの実践サポートを積極的に行っている。

著書に『〈叱る依存〉がとまらない』（紀伊國屋書店）、『ニューロダイバーシティの教科書』（金子書房）など、共著・解説書も多数ある。

構成　阿部久美子

【第2章初出】月刊『Voice』2022年10月号
NexTone許諾番号PB000055180号

「叱れば人は育つ」は幻想

PHP新書 1400

二〇二四年七月二十六日 第一版第一刷
二〇二四年十月 一 日 第一版第四刷

著者――村中直人
発行者――永田貴之
発行所――株式会社PHP研究所
東京本部――〒135-8137 江東区豊洲5-6-52
ビジネス・教養出版部 ☎03-3520-9615(編集)
普及部 ☎03-3520-9630(販売)
京都本部――〒601-8411 京都市南区西九条北ノ内町11
組版――アイムデザイン株式会社
装幀者――芦澤泰偉＋明石すみれ
印刷所
製本所――TOPPANクロレ株式会社

ISBN978-4-569-85382-6

PHP新書
PHP INTERFACE
https://www.php.co.jp/

ＰＨＰ新書刊行にあたって

「繁栄を通じて平和と幸福を」(PEACE and HAPPINESS through PROSPERITY)の願いのもと、ＰＨＰ研究所が創設されて今年で五十周年を迎えます。その歩みは、日本人が先の戦争を乗り越え、並々ならぬ努力を続けて、今日の繁栄を築き上げてきた軌跡に重なります。

しかし、平和で豊かな生活を手にした現在、多くの日本人は、自分が何のために生きているのか、どのように生きていきたいのかを、見失いつつあるように思われます。そして、その間にも、日本国内や世界のみならず地球規模での大きな変化が日々生起し、解決すべき問題となって私たちのもとに押し寄せてきます。

このような時代に人生の確かな価値を見出し、生きる喜びに満ちあふれた社会を実現するために、いま何が求められているのでしょうか。それは、先達が培ってきた知恵を紡ぎ直すこと、その上で自分たち一人一人がおかれた現実と進むべき未来について丹念に考えていくこと以外にはありません。

その営みは、単なる知識に終わらない深い思索へ、そしてよく生きるための哲学への旅でもあります。弊所が創設五十周年を迎えましたのを機に、ＰＨＰ新書を創刊し、この新たな旅を読者と共に歩んでいきたいと思っています。多くの読者の共感と支援を心よりお願いいたします。

一九九六年十月

ＰＨＰ研究所